Christina Kuhn / Katrin Höller

111 Orte
in Südwestfalen,
die man gesehen
haben muss

Mit Fotografien von Jörg Küster

emons:

Bibliografische Information der Deutschen Nationalbibliothek
Die Deutsche Nationalbibliothek verzeichnet diese Publikation
in der Deutschen Nationalbibliografie; detaillierte bibliografische
Daten sind im Internet über http://dnb.d-nb.de abrufbar.

© Hermann-Josef Emons Verlag
Alle Rechte vorbehalten
© der Fotografien: Jörg Küster
© Fotografie S. 27: Wisent-Welt-Wittgenstein e.V.
© Fotografie S. 159 unten: Katrin Höller
© Fotografie S. 177: Schieferstollen Nordenau
© Fotografien S. 179: Stefan Didam
© Fotografie S. 181: Gästeinformation Schmallenberger Sauerland
Titelvignette: Fachwerkhaus in Olsberg-Assinghausen,
© picture-alliance/Bildagentur Huber
Gestaltung: Eva Kraskes, nach einem Konzept
von Lübbeke | Naumann | Thoben
Kartografie: Regine Spohner
Druck und Bindung: B.O.S.S Druck und Medien GmbH, Goch
Printed in Germany 2012
ISBN 978-3-89705-926-9
Originalausgabe

Unser Newsletter informiert Sie
regelmäßig über Neues von emons:
Kostenlos bestellen unter
www.emons-verlag.de

Vorwort

In Südwestfalen schwimmt ein Wal im Fluss, wird auf Sieben Jungfrauen geglotzt, nach dem Essen eines »Bütterkens« kräftig gepupst, mit Feuer gespielt, in der Leere gebadet, auf Kyrill- und Windwanderwegen gewandert und von einem Bahnhof dreist gelogen, werden Düsenjäger, Motorräder und Beatles-Memorabilien gesammelt – aber was genau ist Südwestfalen?

Südwestfalen ist neu – zumindest als Regionenbegriff –, doch das stört im ausgedehnten Gebiet zwischen Soest und Siegen, vom Märkischen bis ins Hochsauerland eigentlich niemanden. Denn die Traditionen sind alt: Hier, im wald-, wasser- und eisenerzreichen Gebiet, liegen die Wiege der europäischen Industrie und das erste nordrheinwestfälische Skigebiet, die Ruhr entspringt hier ihrer Quelle, und so unterschiedliche Dinge wie Grünsandstein, Schiefer, Draht, Knöpfe, Schnaps, Bier, Pumpernickel und ein ganzes Dorf zogen (und ziehen) von hier aus in die Welt. Lebendexporte sind und waren eine Jagdhundrasse (die Deutsche Bracke), ein Bundespräsident (Heinrich Lübke) und ein Barockmaler (Peter Paul Rubens).

Das Meer besteht hier aus Felsen, dafür scheint ein Wasserbecken von Außerirdischen gebaut zu sein, die Hände sind schwarz (zumindest die eine, mumifizierte), und Menschen werden hier zu Ehrenbürgern, indem man sie in Entengrütze wippt.

Kommen Sie mit in luftige Höhen und hinein in dunkle Höhlen, in alte Fachwerkstädte und auf neue Themenwanderwege. Lernen Sie 111 Orte in Südwestfalen kennen, hinter denen sich oft skurrile Geschichten verbergen – immer wieder gern erzählt von den liebenswerten Bewohnern der jüngsten deutschen Region mit alter Tradition.

111 Orte

1— Das Apollo-Service-Kino

Eine Insel, auf der Service großgeschrieben wird

Das Apollo-Service-Kino ist ein wahres Multiplexkino. »Was?«, werden nun alle Apollo-Stammkunden aufschreien (und derer gibt es viele). »Das Apollo ist kein Multiplex!« Doch, ist es, und zwar wie es im Fremdwörter-Duden steht: Hier heißt es, »multiplex« sei der veraltete Ausdruck für vielfältig, und vielfältig ist das Apollo allemal, das müssen auch die Stammkunden zugeben.

Das Kult-Kino wurde 1924 von Wilhelm von der Brake gegründet – in dem auffällig platzierten Haus auf einer Verkehrsinsel am Fuß der Burg Altena. Schon damals hatte er die Vision von gutem Service: Wer wollte, bekam zum Film von Familie von der Brake Butterbrot nebst Getränk serviert. Heute wird die »Kinoinsel« von Nicole Güldner in der vierten Generation geleitet, und noch immer dreht sich alles um des Kunden Wohlbefinden: Die beiden Kinosäle Apollo de Luxe und Apollo Royal versprechen Kino für die Sinne.

Damit sich jeder wohlfühlt, kann man es sich in den individuell anpassbaren Designerstühlen gemütlich machen, nach Belieben mit Fußhocker, Kissen und Kuscheldecke. Aus einer Speisekarte im Kinosaal können klassische Snacks oder – auf Vorbestellung – frisches Sushi und italienische À-la-carte-Gerichte der Trattoria Da Vito sowie Getränke gewählt und die Bestellung per Knopfdruck aufgegeben werden.

Vor Filmbeginn kommen die Augen beim Anblick der selbst hergestellten und bereits mehrfach ausgezeichneten Innendekoration auf ihre Kosten. Da verwandelt sich das Kino auch ganz schnell mal in einen Wald oder eine Unterwasserwelt, oder der Weg hinauf zum Saal führt durch eiszeitliche Landschaften.

Und das Programm? Auch das strotzt vor Vielfalt: Aktuelle Produktionen und Klassiker stehen genauso auf dem Spielplan wie Filmkunst, exklusive Romanverfilmungen, Dokumentationen, preisgekrönte Produktionen und Kinderfilme. Möchte jetzt noch jemand behaupten, das Apollo sei kein Multiplexkino?

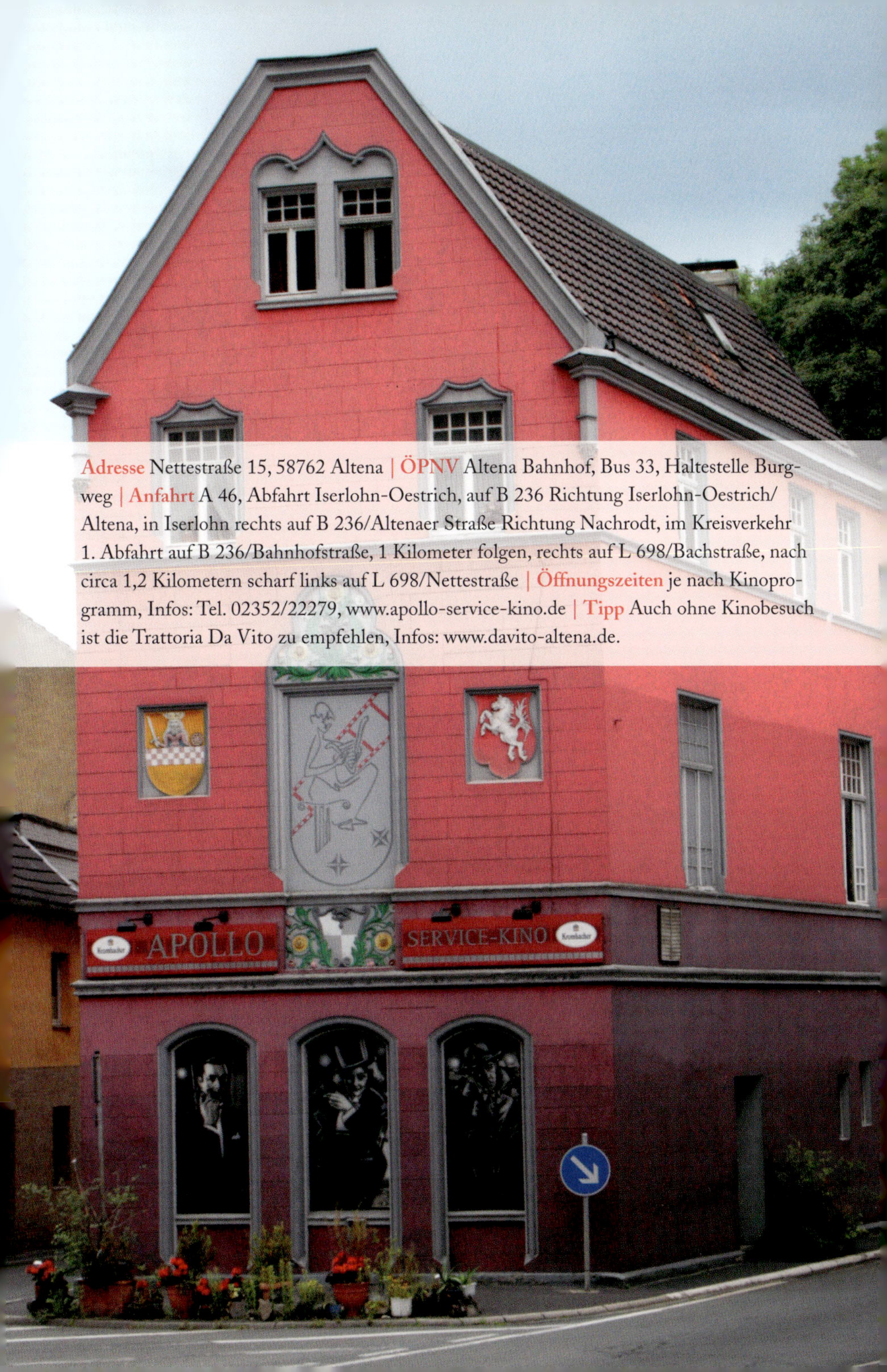

Adresse Nettestraße 15, 58762 Altena | **ÖPNV** Altena Bahnhof, Bus 33, Haltestelle Burg-weg | **Anfahrt** A 46, Abfahrt Iserlohn-Oestrich, auf B 236 Richtung Iserlohn-Oestrich/Altena, in Iserlohn rechts auf B 236/Altenaer Straße Richtung Nachrodt, im Kreisverkehr 1. Abfahrt auf B 236/Bahnhofstraße, 1 Kilometer folgen, rechts auf L 698/Bachstraße, nach circa 1,2 Kilometern scharf links auf L 698/Nettestraße | **Öffnungszeiten** je nach Kinopro-gramm, Infos: Tel. 02352/22279, www.apollo-service-kino.de | **Tipp** Auch ohne Kinobesuch ist die Trattoria Da Vito zu empfehlen, Infos: www.davito-altena.de.

2 — Die Burg Altena

Das Wandern ist des Schirrmanns Lust

Was wären Klassenfahrten ohne Jugendherbergen, was Rucksacktouren ohne günstige Hostels? Darüber müssen Schüler und Backpacker zum Glück nicht mehr nachdenken, denn es gibt ein weltweites Jugendherbergsnetz. Eigentlich eine simple Idee, doch einer musste drauf kommen.

Wessen bedurfte es aber, dass diese Idee um die Welt ging? Man nehme einen Wandervogel alias Richard Schirrmann, eine Burg in Westfalen und ein Unwetter, das den Wandervogel in Not bringt, denn diese macht bekanntlich erfinderisch. Anfang des 20. Jahrhunderts unternahm der wegen zu vielen Wanderns (!) strafversetzte Lehrer Richard Schirrmann mit seinen Schülern eine mehrtägige Wanderung. Weil sie in ein Unwetter gerieten, schlugen sie ihr Lager kurzerhand in der Bröler Dorfschule in Hennef auf. Beim Warten auf gutes Wetter sinnierte Schirrmann über ein flächendeckendes Jugendherbergsnetz: Die Idee war geboren. Das war 1909.

Bereits zwei Jahre zuvor hatte er in der Netter Schule in Altena die erste Jugendherberge der Welt auf Probe eingerichtet. Der Bedarf war da, denn Wandern traf den jugendlichen Geist der Zeit im wilhelminischen Kaiserreich, und längst waren die Bauern die vielen Jugendlichen leid, die sogenannte Fahrten unternahmen und auf ihrem Land campierten. Schirrmann warb also per Zeitungsbeitrag für besagte Jugendherbergsidee. Tatkräftig unterstützt wurde er dabei vom Hilchenbacher Kaufmann Wilhelm Münker. Mit Erfolg: 1914 gründete er die erste feste Jugendherberge der Welt – auf Burg Altena. Kurz darauf gab es deutschlandweit schon 200 Jugendherbergen.

Eine Jugendherberge mit 60 Betten gibt es auf Burg Altena heute noch, der geschichtsträchtige Ort der ersten Herberge ist inzwischen aber Museum. Vor allem im historischen Schlafsaal mit den wuchtigen Holzbetten kann man die Geschichten vom Burggespenst förmlich hören, die sich die Wandervögel vorm Schlafen einst zuwisperten.

Adresse Fritz-Thomee-Straße 80, 58762 Altena | **ÖPNV** Altena Bahnhof, Bus 33, Halte-stelle Burgweg | **Anfahrt** A 46, Ausfahrt Iserlohn-Oestrich, auf B 236 Richtung Iserlohn-Oestrich/Altena, in Iserlohn rechts auf B 236/Altenaer Straße Richtung Nachrodt, gerade-aus auf Linscheidbrücke, Linscheidstraße, links in Lenneuferstraße, links in Freiheitstraße, rechts in Fritz-Thomee-Straße | **Öffnungszeiten** Museen Di–Fr 9.30–17 Uhr, Sa, So 11–18 Uhr, Infos: Tel. 02352/9667034 (Führungen), Tel. 02352/23522 (Jugendher-berge), www.burg-altena.de | **Tipp** In der Richard-Schirrmann-Realschule gibt es eine Gedenktafel, die an Schirrmanns Gründung erinnert, Nettestraße 58–60.

3 Die Drahtrolle

Wo die Drahtzieher herkommen

Wenn man mal drüber nachdenkt, was alles aus Draht gemacht ist, fällt einem plötzlich auf, was es ohne Draht alles nicht gäbe: Büroklammern, Nägel, Stacheldraht, Seilbahnen, E-Gitarren, Elektrokabel, ja, das ganze Internet …

Viele der Drähte und Drahtwaren kamen und kommen aus Deutschlands Drahthauptstadt Altena. Seit dem Mittelalter wurde hier im märkischen Sauerland Eisenerz abgebaut, oft das hochwertige Osemund-Eisen der Gegend, und in den Hammerwerken weiterverarbeitet, die alle durch die reichlich vorhandene Wasserkraft angetrieben wurden. Im weiteren Verlauf wurden Eisenstangen, ebenfalls mit Hilfe von Wasserkraft, in sogenannten Drahtrollen zu Draht verarbeitet. Die waldige Gegend besaß außerdem das benötigte Brennholz, um das Metall zum Glühen zu bringen.

Und so war der Beruf »Zöger« (Drahtzieher) in der Region sehr häufig. Um Draht zu erhalten, muss die Eisenstange durch Zieheisen gezogen werden, wobei sie immer dünner und länger wird. Wie schwer das mit bloßer Muskelkraft zu bewerkstelligen war, kann man im hiesigen Drahtmuseum selbst ausprobieren. Zum Glück erledigten das irgendwann die Wasserräder – wie in der Drahtrolle »Am Hurk« im Altenaer Stadtteil Evingsen, einer von ursprünglich 66 Rollen, die es im 18. Jahrhundert in Altena gab.

Dieses hübsche kleine Bruchsteinhaus nutzte die darüberliegende, sehr ergiebige Springer Quelle zum Antreiben des Wasserrades, das wiederum durch ein kompliziertes System eine Zange in eine Zugbewegung versetzte. Diese zog die Eisenstange ruckartig durch das Zieheisen und wickelte den dünner werdenden Draht auf eine Rolle. Später arbeitete die Drahtrolle nur noch als Schleif- und Poliermühle. Viele der (noch funktionstüchtigen) Werkzeuge sind dort heute zu besichtigen, darunter ein Rollfass, in dem Metallteile poliert wurden, und eine Ahlenschleifbank (Ahlen sind spitze Werkzeuge).

Adresse Im Springen 18, 58762 Altena-Evingsen | ÖPNV Altena Bahnhof, von dort und von Hemer Bus 33, Haltestelle Evingsen, Springer Straße | Anfahrt von Altena die L 698 nach Evingsen nehmen, dort den braunen Schildern »Drahtrolle« folgen | Öffnungszeiten von außen immer zugänglich; Innenbesichtigung 1. Mai–15. Okt. nach Anmeldung bei Paul Teipel, Tel. 02352/71504. Deutsches Drahtmuseum Di–Fr 9.30–17 Uhr, Sa, So 11–18 Uhr, Infos: www.drahtmuseum.burg-altena.de | Tipp In der Nähe (Springer Straße 32a) liegt das urige Restaurant »Alte Drahtrolle«.

4_Das englische Schloss
Tafeln im Tudorstil

Bei der Anfahrt zum Jagdschloss Herdringen sieht man zuerst die wuchtigen Mauern der Vorburg; das eigentliche Schloss bleibt den Blicken verborgen. Nur wer den Feldweg links davon einschlägt, vorbei an einem kleinen Wildgehege, kann einen Blick auf das Schloss erhaschen. Und das sieht ziemlich ungewöhnlich aus, wurde es doch im (historisierenden) englischen Tudorstil errichtet – was im Sauerland nicht eben üblich war! Überhaupt gibt es nur wenige Bauten dieses Stils in Deutschland. Dieser eindrucksvolle Bau, 1844 bis 1853 zur Blütezeit des romantischen Historismus an der Stelle eines früheren Schlosses errichtet, weist typische Tudorelemente auf, wie sie auch viele englische Herrenhäuser haben: Türmchen an den Ecken, Erker und vor allem: Zinnen. Passend dazu ist er von einem englischen Landschaftspark mit Teich samt Wasserfontäne umgeben.

Herdringen ist seit 1618 der Adelssitz derer von Fürstenberg. Nachdem 1853 das neue Schloss fertig war (Architekt war übrigens kein Geringerer als der Kölner Dombaumeister Ernst Friedrich Zwirner), besuchte der preußische König Friedrich Wilhelm IV. das Schloss – noch heute ist nach ihm der prunkvolle »Königssaal« benannt. Danach erfuhr es eine wechselvolle Nutzung: als Wohnsitz, in den 1960er Jahren als Edgar-Wallace-Filmkulisse, später als Internat und heute, nach einer Restaurierung, bei der sogar der Lichthof mit Glas überspannt wurde, unter anderem als Veranstaltungsort. Die Räume des Schlosses – darunter eine neugotische Kapelle und ein Saal mit Ledertapeten aus dem 17. Jahrhundert – sind ausschließlich bei Veranstaltungen (oder einer Privatführung) zugänglich. In den dunkel getäfelten Sälen finden unter Kronleuchtern Krimi- und Renaissancedinner, Tagungen und Hochzeiten statt; das Forstamt des Freiherrn von Fürstenberg verkauft im Schloss frisches Wildfleisch, und im Park gibt es gelegentlich Open-Air-Konzerte.

Adresse Zum Herdringer Schloss 7, 59757 Arnsberg-Herdringen | **ÖPNV** Neheim-Hüsten Bahnhof, Bus R25, Haltestelle Röhrbrücke, dann Bus C6 von der nahen Haltestelle Mühlenberg bis Haltestelle Krähenbrink in Herdringen | **Anfahrt** A 46, Abfahrt Hüsten, dann auf B 229 der Beschilderung »Herdringen« folgen | **Öffnungszeiten** nur zu Veranstaltungen oder nach Vereinbarung, Infos: www.schloss-herdringen.de | **Tipp** In der Nähe liegt die Freilichtbühne Herdringen. Im Sommer werden (Kinder-)Stücke gespielt, im Winter gibt es Programm im Winterquartier, Infos: www.freilichtbuehne-herdringen.de.

5 Der Wal in der Ruhr

Fast wie echt – und bläst sogar!

An der Ruhrpromenade in Arnsberg ist die Ruhr noch nicht sehr breit und nur knietief. Deshalb können Künstler sich hier voll austoben, was sie auch ausgiebig tun – besonders beim jährlich stattfindenden »Arnsberger Kunstsommer«, wenn zahllose Kunstwerke die ganze Stadt bevölkern.

Der Künstler Friedrich Freiburg aus dem nahen Rönkhausen hatte schon häufiger beim Kunstsommer mitgemacht, als er sich im August 2010 daranmachte, einen ziemlich großen Brocken in der Ruhr zu versenken: einen Wal. Die beiden zusammen fünf Tonnen schweren Betonteile – Vorderteil und Schwanzflosse – wurden mit einem Lastkran zu Wasser gelassen. Der Künstler war natürlich anwesend, zog plötzlich zum Amüsement der Umstehenden die Hose aus, hängte sie an einen Baum und watete in Unterhose und Gummistiefeln in den Fluss, um beim Ebnen des Untergrundes persönlich Hand anzulegen.

Seither schauen aus der Ruhr die lebensechte Schwanzflosse und der Buckel des Wals heraus, und von Frühjahr bis Oktober bläst das Tier eine regelmäßige Fontäne aus seinem Atemloch. Als es im Februar 2011 ein schlimmes Hochwasser gab, bei dem ganze Bäume die Ruhr hinuntertrieben, wurde der Wal beschädigt, konnte aber an Ort und Stelle repariert werden. Der Winkel der Schwanzflosse ist nun etwas flacher und stromlinienförmiger, damit sie den Fluten besser standhält.

Viele der in den Kunstsommern installierten Skulpturen stehen nur einen Sommer lang an ihren Orten. Der Wal ist hingegen eine Leihgabe des Künstlers und soll länger bleiben. Sollte er aber eines Tages doch einmal verschwunden sein, gibt es in und an der Ruhr in Arnsberg noch viele andere und immer neue Kunstwerke zu entdecken, zum Beispiel Freiburgs in der Ruhr liegende Nixe. Weitere seiner Skulpturen stehen an diversen öffentlichen Orten in Südwestfalen, so die sehr witzige »Pistensau« im Skigebiet Wildewiese.

Adresse In der Ruhr, am besten zu sehen von der Brücke am Sauerlandtheater, Feauxweg 9, 59821 Arnsberg | **ÖPNV** Arnsberg Bahnhof, Bus R21, Haltestelle Johannisapotheke, circa 3 Minuten Fußweg | **Anfahrt** A 445/A 46, Abfahrt Arnsberg-Altstadt, auf der B 229 bleiben, im Kreisverkehr die 3. Ausfahrt auf L 785 nehmen, rechts auf L 685 fahren, dort bleiben, die 2. rechts auf Feauxweg nehmen | **Tipp** In Finnentrop-Rönkhausen befindet sich das Atelier des Wal-Künstlers Friedrich Freiburg. Atelierräume und ein Skulpturengarten (mit weiteren Wasserskulpturen) sind nach Absprache zu besichtigen, Infos: www.ffreiburg.de.

6 Die Doppelstockbrücken

Nicht nur was für Eisenbahnfreaks

Eine Doppelstockbrücke ist etwas Praktisches: Eisenbahn und Autoverkehr können auf einem einzigen Bauwerk über ein Gewässer geführt werden – das spart Kosten. So dachte man auch beim Neubau der Bahnstrecke Finnentrop–Olpe im Zuge des Biggesee-Baus. Bahn und Straße müssen hier an zwei kurz hintereinanderliegenden Stellen den See überqueren. Hierfür wurden zwei jeweils etwa 40 Meter hohe Brücken gebaut, auf denen oben die Fahrbahn der Landstraße L 512 entlangführt und unten, auf einer Stahltrasse zwischen den Betonstützpfeilern und auf deren Sockeln aufliegend, die eingleisige Eisenbahnstrecke. Die längere der beiden Brücken, die Listertalbrücke, ist 314 Meter lang. Beide Brücken (die andere ist die Dumicketalbrücke) sowie die ganze Strecke waren nach vierjähriger Bauzeit 1964 fertig. Ein vergleichbares Bauwerk gibt es nur noch einmal in Deutschland, die viel ältere Brücke über die Mosel bei Bullay – dort ist allerdings die Bahntrasse oben und die Straße unten.

Wenn die Straße auf der oberen Etage liegt, muss die Bahn logischerweise an beiden Enden durch Tunnel fahren, um unter der Straße auf die Brücke zu kommen. Das ist auch bei den beiden Bigge-Brücken so – was den Reiz der Bahnstrecke weiter erhöht. Von Attendorn kommend, geht es durch einen etwa einen Kilometer langen Tunnel auf die Listertalbrücke und durch einen Minitunnel von 95 Metern Länge wieder »an Land«. Auf der Landzunge passiert man die nur im Sommer angefahrene Bedarfshaltestelle Hohen Hagen mit ihrem Wartehäuschen, dann geht es durch einen 85 Meter langen Tunnel auf die Dumicketalbrücke, von der aus man durch den etwa einen Kilometer langen Erbscheid-Tunnel direkt zum Seebahnhof Sondern (siehe Seite 156) gelangt.

Wer die Brücken mal von der Seite betrachten möchte, kann an ihren Enden von der Straße zum Seeufer hinuntergehen. Am nördlichen Ende der Dumicketalbrücke befindet sich außerdem der beliebte Bikertreff »Bigge-Grill«.

Adresse an der L 512, zu 57439 Attendorn gehörend | **ÖPNV** von Olpe und Finnentrop (angeschlossen an Hagen und Essen) stündliche Abfahrten des Biggesee-Express, der über die Brücken führt | **Anfahrt** A 45, Abfahrt Olpe, auf die L 512 Richtung Attendorn fahren – so geht es automatisch über beide Brücken | **Tipp** Die Brücken lassen sich auch mit dem Rad befahren; eine Radtour an den Ufern des Biggesees führt außerdem an vielen anderen schönen Punkten vorbei. Infos und Übersichtskarte: www.radtouren-in-deutschland.de/02_radtouren/d_radtouren-kreis-olpe.html.

7_Die Drehkoite

Was das Holzdrechseln mit der Reformation zu tun hat

Das seltsame Wort »Koite« kommt vom altdeutschen »Kaute«, was so viel wie »Mulde« bedeutet. Eine Drehkoite ist also eine Drehmulde – eine Grube, in der eine Drehbank steht, auf der man Dinge aus Holz herstellen kann.

Die Drehkoite in Girkhausen – seit 1531 aktenkundig und heute ein kleines Heimat- und Handwerksmuseum – ist in Südwestfalen einzigartig und wirft ein interessantes Schlaglicht auf das damalige Alltagsleben der Menschen. Schon im Spätmittelalter vor der Industrialisierung waren in Bad Berleburg fast alle Menschen Bauern. Da hatten sie im Winter wenig zu tun. Als dann noch durch die Reformation immer weniger Wallfahrer die berühmte Girkhausener Wallfahrtskirche mit dem (heute verschwundenen) Marienbild besuchten, fiel auch diese zuvor reichlich sprudelnde Einnahmequelle weg. So verfielen die Girkhausener darauf, heimische Hölzer wie Buche, Ulme und Ahorn dafür zu nutzen, in den langen Wintermonaten praktische Gegenstände aus Holz zu machen. In fast jeder Stube stand eine Drehbank, und die ganze Familie half mit. Über ein Fußbrett wurde mit einem Lederriemen die Drehklammer angetrieben. In Girkhausen wurde die Methode perfektioniert, aus einem einzelnen Holzrohling bis zu fünf verschieden große Holzschüsseln zu drehen – eine gute Ausnutzung des Materials. Zudem wurden aus dem Abfallholz auch noch Holzlöffel geschnitzt, bis zu 25 Stück am Tag. Dieses »Privathandwerk« hielt sich lange: Bis 1900 hatte noch jeder eine Drehbank; erst 1922 kam das erste motorgetriebene Gerät ins Dorf.

Heute gibt es mehrere alte Drehbänke und Werkzeuge zu sehen, außerdem regelmäßige Vorführungen und ein Lädchen mit schönen Holzprodukten – Schüsseln und Löffel, Dekoartikel und Spielzeug. Jedes Jahr Ende Dezember findet das traditionsreiche »Rewweln« statt, bei dem der hochprozentige »Rewwel« gekippt wird und man an der Maschine das »Löffeldiplom« ablegen kann.

Adresse In der Odeborn 4, 57319 Bad Berleburg-Girkhausen | **ÖPNV** Bad Berleburg Bahnhof, Bus R28, Haltestelle Girkhausen-Post | **Anfahrt** A 45, Abfahrt Olpe, B 55 und B 236 über Kirchhundem und Schmallenberg; Girkhausen liegt nördlich der Kernstadt Bad Berleburg | **Öffnungszeiten** Vorführung jeden Do um 15.30 Uhr, für Gruppen nach Vereinbarung, Infos: www.drehkoite.de, www.wittgensteiner-holzwaren.de, www.holzroute.de | **Tipp** Die oben genannte Wallfahrtskirche aus dem 13. Jahrhundert gilt als Besonderheit, weil der Kirchturm seit 1680 ein Stückchen von der übrigen Kirche entfernt steht. Innenbesichtigung auf Anfrage, Tel. 02758/239 (Pfarrer Schwarz).

8_ Das Schieferschaubergwerk samt Schieferpfad

Besucherbergwerk und abenteuerlicher Wanderweg

Unter den vielen in Südwestfalen abgebauten Rohstoffen ist auch der Schiefer – das blauschwarze Tongestein, das sich in dünne Platten aufspaltet und das so mancher noch als Material seiner Schultafel kennt. Der kleine Ort Raumland südlich von Bad Berleburg besaß seit 1563 über drei Jahrhunderte lang mehrere Schiefergruben, in denen bis zu 450 Menschen arbeiteten. Die Blütezeit war im 19. Jahrhundert, denn da gab es eine Verordnung, dass Dächer nicht mehr mit Stroh gedeckt werden durften. In der Folge wurde haufenweise Dachschiefer benötigt, der in Raumland seit 1850 unter Tage abgebaut und ins ganze Gebiet des Deutschen Bundes geliefert wurde.

Die letzte Schiefergrube wurde 1973 geschlossen, weil der Baustoff Naturschiefer von anderen Materialien verdrängt wurde. 1982 richteten eifrige Raumländer und ehemalige Bergleute in der Grube Delle das Schieferschaubergwerk ein. Der Eingang führt direkt in den Berg hinein. Im kühlen Stollen, in dem die Fledermäuse überwintern, erfährt man bei einer Führung alles über die Entstehung des Schiefers, den Abbau und die Weiterverarbeitung, die stets per Handarbeit erfolgte.

200 Meter unterhalb liegt der Startpunkt für einen außergewöhnlichen und recht anspruchsvollen Rundwanderweg: den 2005 angelegten, 14,2 Kilometer langen Wittgensteiner Schieferpfad unter dem Zeichen der Fledermaus. Durch schöne Wälder und abenteuerliche Felslandschaften führt der Weg immer wieder vorbei an Dingen, die an den Schieferabbau erinnern: dem Lüftungsloch eines Stollens, großen Schieferhalden, einem eindrucksvollen Steinbruch und Spurrillen im Fels. Infotafeln vertiefen das zuvor Gelernte zum Thema Schiefer. Es geht – auch mal fast kletternd, gutes Schuhwerk ist erforderlich – durch mehrere Naturschutzgebiete; unterwegs gibt es schöne Aussichten auf Bad Berleburg und das Schieferdorf Raumland.

"Freiheit"
Heinz Mengel
2008

Adresse Im Edertal, 57319 Bad Berleburg-Raumland | **ÖPNV** Bad Berleburg Bahnhof, Bus R33, Haltestelle Raumland Steinbruch | **Anfahrt** A 45, Abfahrt Siegen, oder A 4/ B 54 über Kreuztal, dann über B 62 und B 480 nach Bad Berleburg, rechts auf L 553 abbiegen. Das Bergwerk liegt am Ortsausgang Richtung Frankenberg. | **Öffnungszeiten** Führungen April–Okt. Mi 15 und 16 Uhr, Sa 14 und 15 Uhr und nach Absprache, Infos: www.schieferschaubergwerk.de | **Tipp** Ein weiteres Industriedenkmal in der Nähe ist das Schmiedemuseum Arfeld, eine Schmiede aus dem 19. Jahrhundert. Geöffnet ist es von April bis Oktober jeweils am 1. und 3. Samstag 10 bis 12 Uhr, Infos: Tel. 02755/218.

9 Die Wisente

Die Könige des Waldes sind zurück

Wisente in Wittgenstein? Das wüsste ich aber!, wird sich mancher Leser denken. Und doch, es ist so. Seit dem 24. März 2010 gibt es hier nach vielen Jahrhunderten erstmals wieder Wisente; es war der Tag, an dem Bulle Egnar im Rothaargebirge ankam. Inzwischen wartet in einem rund 88 Hektar großen umzäunten Areal eine Wisentherde auf ihre Auswilderung in den »Wisent-Wald«. Wisente leben in Herden mit bis zu 20 Kühen, Jungtieren und Kälbern. Die Bullen leben meist als Einzeltiere oder in eigenen Verbänden. Ein Wisent ist mit seinen bis zu drei Meter Länge und zwei Meter Schulterhöhe eine imposante Erscheinung. Dennoch sind sie ungefährlich. Es sind Fluchttiere, und sowieso ernähren sie sich rein vegetarisch. 30 bis 60 Kilogramm Laub, junge Triebe, Wurzeln und Baumrinde verspeisen sie am Tag.

Um ausreichend Nahrung müssen sich die Tiere in ihrem neuen Wald von Richard Prinz zu Sayn-Wittgenstein-Berleburg nicht sorgen – er ist mit seinen 4.300 Hektar groß genug. Schwerer wird es aber für die Wanderer, die Tiere zu beobachten. Deshalb bietet die 20 Hektar große »Wisent-Wildnis am Rothaarsteig« ein Guckloch auf eine zweite Herde. Ein Menschentunnel und ein aus Naturstämmen geformtes »Nest« ermöglichen den Besuchern die Aussicht auf die Wildnis, ohne die Wisente zu stören. Insgesamt ist der Weg drei Kilometer lang (festes Schuhwerk mitbringen!) und dauert zwei bis drei Stunden. Wer weniger trittfest ist, kann sich auf einem befestigten Wirtschaftsweg Einblick in die Welt der Wisente verschaffen.

Träger des Artenschutzprojekts ist der Wisent-Wildnis-Wittgenstein e.V., der von vier Universitäten und freien Forschern unterstützt wird. Am 7. Dezember 2011 zogen mit Fasel und Faye die ersten beiden Wisent-Kühe in die »Wisent-Wildnis«, Gutelaune und Bulle Horno folgten zwei Tage später. Für Aufregung sorgte Faye, die ein offenes Tor nutzte und einen Ausflug außerhalb des Geländes unternahm. Da Wisente aber Herdentiere sind und Faye ihre »Familie« vermisste, konnte sie schnell wieder nach Hause gebracht werden.

Adresse Parkplatz an der K 42 zwischen Bad Berleburg-Wingeshausen und Schmallenberg-Jagdhaus | **Anfahrt** von Bad Berleburg B 480/Poststraße nach Süden Richtung Im Herrengarten, rechts auf Stöppelsweg/L 906, rechts auf Berghäuser Straße/L 553, 7,6 Kilometer folgen, rechts auf Kappelstraße/K 42, links auf Weidiger Weg/K 42, Parkplatz ist ausgeschildert | **Öffnungszeiten** im Trägerverein erfragen, Infos: Tel. 02751/ 9205535, www.wisent-welt.de | **Tipp** Mehr über Wisente verrät die Wisent-Erlebnisausstellung des Trägervereins, Poststraße 40, Bad Berleburg, Di, Mi 10–16 Uhr.

10 Das Internationale Radio-museum Hans Necker

Wenn Wissenschaftler die Welle machen …

… entstehen mitunter revolutionäre Erfindungen. Eine davon ist die drahtlose Telegrafie, für die die Physiker James C. Maxwell mit den Gesetzen der Elektrodynamik und Heinrich Hertz mit der Erzeugung elektromagnetischer Wellen den Weg ebneten. Guglielmo Marconi war Pionier dieser Telegrafie, aus der sich das Radio entwickelte.

Der erste offizielle Rundfunksender in Deutschland, die Funk-Stunde Berlin, ging am 29. Oktober 1923 im Berliner Vox-Haus on air. Von da an war der Siegeszug des Radios kaum zu bremsen, bereits Mitte der 1920er Jahre lösten Röhrengeräte die Detektorgeräte ab, bis in den 1960ern die ersten Transistorradios kamen. Auf unrühmliche Weise populär wurde das Radio im Nationalsozialismus, als der Volksempfänger Propagandamittel war.

Von diesen und anderen Geschichten erzählt das Internationale Radiomuseum. Schon bei der Ankunft sind die Besucher beeindruckt, wenn sie die riesige weiße Radiokulisse am Haus sehen, die den älteren bekannt vorkommen mag. Richtig, sie war in den 1980er Jahren in der TV-Show »Bio's Bahnhof« ein Auftrittsportal. Man fühlt sich wohl im Radiomuseum, besonders im Originalwohnzimmer der 1950er Jahre, wo man gemütlich in der angebotenen Fachliteratur schmökern möchte. Für diese steht allerdings ein Lesesaal zur Verfügung.

Neben Modellen wie dem »OE 433« von Loewe (1928) oder dem »Potsdam K II« des Ostberliner VEB Stern-Radio (1956) gibt es die Abteilung »Radio kurios«, die Radios in Möbelstücken, bizarre Massenartikel aus Plastik sowie Unikate wie das Konservenbüchsenradio zeigt, gebaut aus Müll und Schrott in russischer Kriegsgefangenschaft. Die Sammlung ist einzigartig. Rund 4.000 sind es, davon 1.000 in ständiger, andere in Sonderausstellungen. Und weil das Radio anders als das gezeigte Tefifon nicht aus unserem Leben verschwunden ist, wird auch das Museum weiter mit der Welle der Zeit gehen.

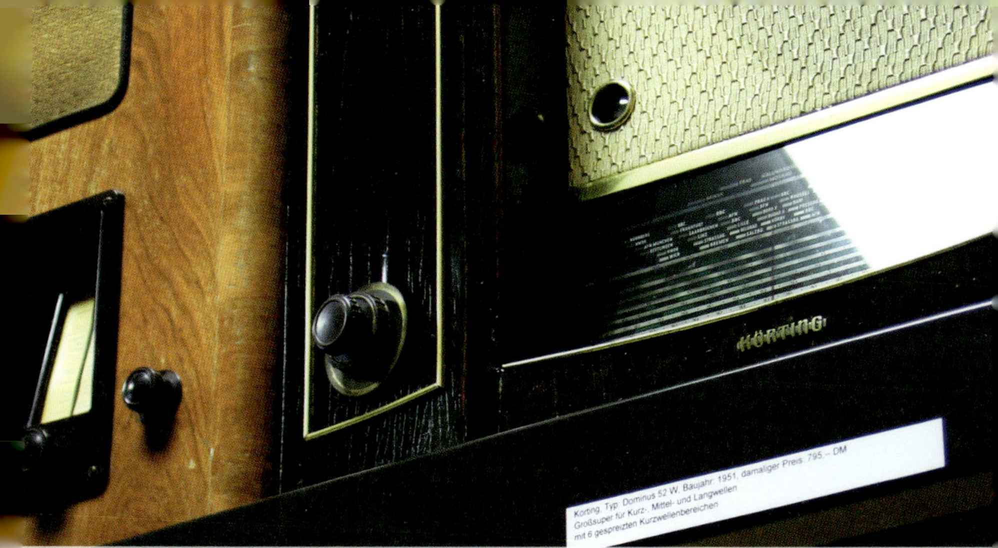
KÖRTING
Körting, Typ: Dominus 52 W, Baujahr: 1951, damaliger Preis: 795,– DM
Großsuper für Kurz-, Mittel- und Langwellen
mit 6 gespreizten Kurzwellenbereichen

Adresse Bahnhofstraße 33, 57334 Bad Laasphe, www.internationales-radiomuseum.de | **ÖPNV** Bus R31, R32, Haltestelle Wilhelmsplatz | **Anfahrt** B 62 Richtung Bad Laasphe, weiter auf Bahnhofstraße/B 62; Eingang und Parkplätze im Hof | **Öffnungszeiten** März–Okt. Di, Do, Sa, So 14.30–17 Uhr; Nov.–Feb. nur Sa, So 14.30–17 Uhr | **Tipp** Zweimal im Jahr findet die Bad Laaspher Funk- und Radiobörse statt, Infos: www.internationales-radiomuseum.de/radioboerse.htm.

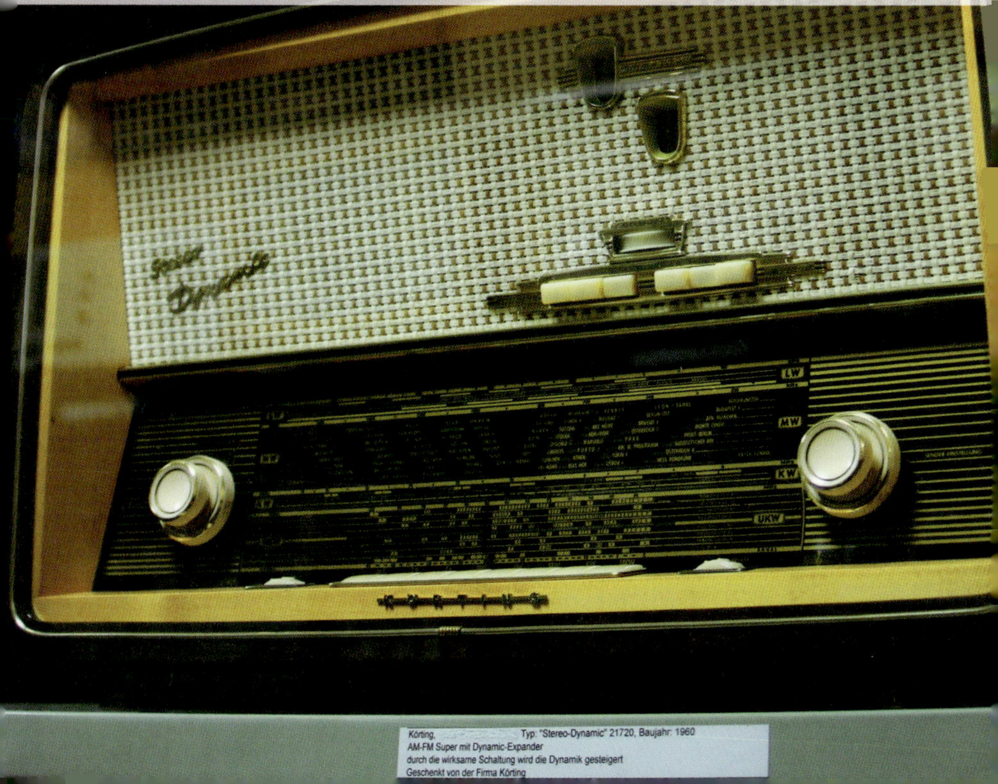
LW
MW
KW
UKW
Körting, Typ: "Stereo-Dynamic" 21720, Baujahr: 1960
AM-FM Super mit Dynamic-Expander
durch die wirksame Schaltung wird die Dynamik gesteigert
Geschenkt von der Firma Körting

11___Das Pilzmusem
Staunen über die Vielfalt der Natur

Pilzmuseen gibt es kaum auf der Welt, und noch weniger in Deutschland. Sind Pilze vielleicht zu langweilig fürs Museum?, fragt sich der Laie. Doch im 1987 eröffneten Pilzmuseum Bad Laasphe wird klar: Selbst jemand, der sich überhaupt nie für Pilze interessiert hat, staunt hier über die Vielfalt der Natur. Bad Laasphe ist der ideale Ort für ein pilzkundliches Museum, denn der Kreis Siegen-Wittgenstein ist eine der waldreichsten Regionen Deutschlands, in der viele Pilze wachsen.

Im Museum kann man über 700 verschiedene Pilze anschauen, die natürlich nicht frisch gesammelt (obwohl frische Pilze manchmal auch gezeigt werden), sondern gefriergetrocknet sind. Da gibt es die bizarrsten Formen und Farben; große und kleine, häufige und seltene Pilze, Pilze der Region und exotische Arten. Der neugierige Besucher erfährt, welche Pilze giftig sind, wie und wo man die besten Pilze sammelt und was es mit unerwünschten Exemplaren wie Mehltaupilzen auf sich hat. Schautafeln und ein Film zeigen noch mehr Wissenswertes über Pilze, und es sind auch mal Sonderausstellungen zu anderen Naturthemen wie Schmetterlingen zu sehen.

Neben Führungen durch die Ausstellung bietet das Museum auch eine Pilzberatung sowie Wochenendseminare in Pilzkunde an, bei denen es neben ein wenig Theorie natürlich auch hinaus in die Natur geht, um alles über Tipps und Tricks beim Pilzesammeln zu erfahren. In Zusammenarbeit mit der Deutschen Gesellschaft für Mykologie (= Pilzwissenschaft) kann man sich hier sogar zum Pilzsachverständigen ausbilden lassen. Gesellschaft und Museum sind auch weiterhin dabei, den Pilzbestand der weiteren Umgebung von Bad Laasphe zu erforschen; sie arbeiten an Pilzkartierungen und Verbreitungskarteien. Hierbei kann jede(r) mithelfen: Wer einen besonders interessanten Pilz gefunden hat, kann ihn dem Museum vorbeibringen und schließt damit vielleicht eine Forschungslücke!

Adresse im Haus des Gastes (OG), Wilhelmsplatz 3, 57334 Bad Laasphe | **ÖPNV** Bad Laasphe Bahnhof, Bus R30, R32, Haltestelle Emmaburg, Fußweg | **Anfahrt** A 45, Abfahrt Wilnsberg, auf L 722, später K 17, rechts ab auf Lahnstraße/B 62, rechts ab auf Wilhelmsplatz | **Öffnungszeiten** Mi–Fr 13.30–17.30, Sa 12–16 Uhr, sonst nach Absprache, Infos: www.pilzmuseum.de | **Tipp** Wer nun Hunger auf Pilze bekommen hat, begebe sich zum 5-Sterne-Hotel Jagdhof Glashütte: Hier servieren das Gourmetrestaurant Ars Vivendi und die rustikalen Jagdhofstuben Erlesenes aus der Region – natürlich auch Pilze! Infos: www.jagdhof-glashuette.de.

12 Das Gradierwerk

Gesundes Sälzer-Denkmal

Unternimmt der Ortsfremde einen Spaziergang im malerischen Kurpark von Bad Sassendorf, staunt er nicht schlecht, wenn er plötzlich vor einem riesigen lang gestreckten braunen Etwas steht. Ist es ein Stollennachbau, eine Art Museum gar? Ein überdimensionaler Kastenkuchen, den ein Riese hier abgelegt hat? Immerhin ist das Bauwerk zehn Meter hoch und 60 Meter lang!

Alles falsch – es handelt sich um ein Gradierwerk, auch Saline genannt. Seit circa 1800 wurden Salinen zur Salzherstellung genutzt, und tatsächlich, nähert man sich dem Bau, erkennt man, dass die Wände des Gerüsts aus Strauchwerk bestehen, aus Schwarzdornbündeln, um genau zu sein. Über diese Schwarzdornwand wird die Sole mehrmals gepumpt. Luft und Sonne lassen das Wasser verdunsten – die Sole wird gradiert. Das Salz in der Luft rund ums Gradierwerk lässt einen tief durchatmen, und beim Gang durch das Bauwerk wähnt man sich am Meer, hört man doch das nahe Rauschen der SoleTherme.

Salz, Sole und Sassendorf haben eine lange gemeinsame Geschichte. Die erste urkundliche Erwähnung »Sassendorps« im Jahr 1169 belegt, dass hier schon lange, vermutlich seit 800, von der Salzgewinnung gelebt wurde. 1951 kam das Aus für die Produktion des »weißen Goldes«. Zum Glück hatten sich die Sassendorfer bereits im 19. Jahrhundert ein zweites Standbein aufgebaut oder besser aufgestellt: Auf dem Salinengelände standen Holzbadewannen für Solebäder; der Grundstein für Heilbad und Kurmittelhaus war gelegt.

Heute erinnern viele Skulpturen an die Geschichte des Kurparks, zum Beispiel an den Badegarten, der Ende des 19. Jahrhunderts zwischen Badehaus und Gradierwerk angelegt worden war. Die Holzbadewannen sind längst verschwunden, dafür laden rund ums Gradierwerk Holzbänke zum Verweilen ein. Inhalieren Sie heilsame Salzluft, schließen Sie die Augen und lauschen Sie dem Vogelgezwitscher aus der nahen Voliere – das ist Entspannung in Bad Sassendorf.

Adresse Im Kurpark hinter der SoleTherme, Gartenstraße 26, 59505 Bad Sassendorf | **ÖPNV** Soest Bahnhof, Bus R81, Haltestelle Thermalbad, Bad Sassendorf | **Anfahrt** A 44, Abfahrt Soest-Ost/Bad Sassendorf, auf B 475 Richtung Bad Sassendorf fahren, Schildern nach Soest/Bad Sassendorf folgen, auf B 1 nach Erwitte/Bad Sassendorf/Soest abbiegen, links auf Schützenstraße Richtung Bad Sassendorf, im Kreisverkehr 2. Ausfahrt Richtung Gartenstraße | **Tipp** Nach einem Spaziergang im Kurpark mit seinen Themengärten bietet sich ein Besuch der SoleTherme an, Infos: www.soletherme-badsassendorf.de.

13__Die Höhlen des Hönnetals

Urgeschichte und Unplugged-Konzerte in der Unterwelt

Die Hönne fließt durch ein wildromantisches, verkarstetes Schlucht-tal mit so vielen schroffen Felsen und sagenumwobenen Höhlen, dass man sich dort in einer urzeitlichen Märchenwelt wähnt – würde sich nicht die viel befahrene B 515 durch das enge Tal schlängeln.

Eine Höhlentour ist aber trotzdem spannend. Die meisten Höh-len gibt es bei Balve-Binolen. Hier endet auch der 76 Kilometer lan-ge Höhlenwanderweg X4. Schon beim Bahnhof Binolen erspäht man oberhalb der Ausfahrt des Eisenbahntunnels die Tunnelhöhle, Teil eines Systems, zu dem auch die Feldhofhöhle gehört. Diese 189 Me-ter lange Höhle mit dem imposanten Eingang (vier Meter hoch, acht Meter breit) ist frei zugänglich. Hier – wie auch in anderen Höhlen der Gegend – fand man urzeitliche Spuren wie Steinwerkzeuge und Tierknochen, unter anderem vom Wollnashorn. Tausende bronzezeit-licher Funde barg man in der Großen Burghöhle unterhalb der Burg Klusenstein. Bei der Leichenhöhle spricht der Name für sich: In ei-ner unterirdischen Grabkammer wurden in der Bronzezeit Menschen bestattet. Wie sie dort hineingelangten, ist nicht ganz klar, denn der einzige Zugang ist ein 30 Meter langer Kriechtunnel.

Geologisch gesehen stammen die Höhlen aus der Zeit des Mit-teldevon (vor fast 400 Millionen Jahren), als ein Meer die Gegend bedeckte. Später wurde der Kalkstein von unterirdischen Gletscher-flüssen ausgewaschen. Auch heute noch verschwindet die Hönne zeit-weise im felsigen Untergrund.

Die zwei bekanntesten Höhlen im Hönnetal sind die Recken-höhle und die Balver Höhle. Erstere ist die einzige Tropfsteinhöhle des Tals und kann besichtigt werden. Letztere kann man auch im Rahmen einer Führung anschauen; sie dient aber eher als Veranstal-tungsort: Theater und Konzerte sind wegen der guten Akustik und der eigentümlichen Stimmung in der riesigen Höhlenhalle ein Erleb-nis. Im Jahr 2000 spielten die Fantastischen Vier hier ihr Unplugged-Konzert.

Adresse Hönnetal, zwischen Menden und Balve | **ÖPNV** Hönnetalbahn zwischen Unna und Neuenrade; Haltepunkt für die Höhlen ist Binolen | **Anfahrt** A 46, Abfahrt Hemer, rechts auf L 683, links auf L 682 bis zum Ende, dann rechts auf B 515 | **Öffnungszeiten** Reckenhöhle April–Okt. Di–So 10–16.30 Uhr; Nov.–März nach Voranmeldung, Infos: www.reckenhoehle.de; Balver Höhle: Infos: www.balver-hoehle.de | **Tipp** Ein in der Reckenhöhle gefundenes Höhlenbärenskelett, Zähne eines Höhlenlöwen und andere Artefakte gibt es im Museum für Stadt- und Kulturgeschichte Menden zu sehen. Geöffnet ist es Di–Sa 9–12 Uhr, Do auch 15–17 Uhr, Infos: www.menden.de.

14_ Die Kalköfen Horst-Eisborn

Drei Riesen im Hönnetal

Im malerischen Hönnetal wartet ein ganz besonderes Industriedenkmal auf Besucher: Es ist eine Dreiergruppe aus Kalköfen auf dem Gebiet der ehemaligen Kalkwerke Horst.

Es war 1929, als die Firma Friedrich Thiemann zwei Öfen aus Bruchsteinmauerwerk baute, eine Zeit, in der viel Kalk für die Stahlindustrie benötigt wurde. Und das Hönnetal hatte große Vorkommen. Schon ein Jahr später konnte deshalb der dritte Ofen errichtet werden, dieses Mal aus Zementbeton-Formsteinen. Die drei Riesen warten mit beeindruckenden Maßen auf: 13 Meter hoch, sind sie im Durchmesser unten acht und oben sechs Meter groß. Die Brennräume im Inneren sind zehn Meter hoch und drei Meter im Durchmesser.

Per Holztreppe gelangten die rund 30 Arbeiter pro Schicht zur ehemaligen Schutzhütte auf der sogenannten Gichtbühne, die die drei Kalköfen miteinander verbindet. Über diese Bühne wurden die Öfen mit Koks und Kalkstein beschickt, und zwar streng geregelt von 6 bis 16 Uhr, denn von 5 bis 9 Uhr und von 16 bis 18 Uhr wurde der Kalk herausgezogen und verladen. Die Qualität war jedoch extrem abhängig von der Geschicklichkeit des Ofenbedieners, der das Material mittels eines an Ketten hängenden Trichters im Ofen gleichmäßig verteilen musste. Um mit den neuen Anforderungen der Industrie mithalten zu können, wurden zwei elektronisch gesteuerte Schachtöfen gebaut, die drei alten 1962 stillgelegt und 1984 unter Denkmalschutz gestellt.

Heute gehören die Kalkwerke Horst zur CEMEX Kies & Splitt GmbH. Die Öfen, auch die neuen, sind nicht mehr in Betrieb, sondern werden von der Natur zurückerobert. Statt auf Kalk für die Stahlindustrie setzt die Produktion nun auf Splitt für Straßenbau und Betonröhren, allerdings sinkt der Bedarf. Dennoch sind die zwei neuen Türme funktionstüchtig und jederzeit bereit für den Wiedereinsatz.

Adresse Horst, 58802 Balve-Eisborn | **ÖPNV** Bahnhof Binolen, circa 15 Minuten Fußweg | **Anfahrt** von der Mendener Straße/B 515 in Balve rechts abbiegen Richtung Eisborn | **Öffnungszeiten** ganzjährig, aus Sicherheitsgründen nur Außenbesichtigung von der gegenüberliegenden Straßenseite aus möglich | **Tipp** Kommen Sie in der Weihnachtszeit: Dann nämlich lässt es sich der Werksleiter nicht nehmen, auf die Plattform zu steigen und einen Weihnachtsstern zum Leuchten zu bringen.

15__Die Luisenhütte

Der älteste erhaltene Hochofen Deutschlands

Weil man die historische Bedeutung der Luisenhütte früh erkannte und weil sie 2006 neu hergerichtet wurde, kann man hier heute so anschaulich wie nirgends sonst einen funktionierenden Hochofen – den Vorläufer der heute noch laufenden Hochöfen des Ruhrgebiets – nebst Gießerei anschauen.

Die Adelsfamilie derer von Landsberg kaufte die Hütte 1758. Luise war die Gattin von Ignaz von Landsberg-Velen, Besitzer seit 1812. Die Hütte lief damals gut: Arbeiter schafften den Eisenstein herbei, und die großen Wälder boten genug Holz für die Holzkohle. Wasser aus einem oberhalb gelegenen Teich trieb das Wasserrad an, das wiederum die großen Lederbälge antrieb, welche das Gebläse für den Ofen erzeugten. Das oben eingefüllte Eisenerz wurde durch chemische Prozesse im heißen Ofen zu flüssigem Roheisen reduziert, das zweimal täglich abgestochen und in eine Form geleitet wurde – fast so, wie man es auch heute noch macht.

1854 wurde die Anlage modernisiert, denn die Konkurrenz aus England und dem Ruhrgebiet wurde größer, unter anderem weil dort bereits mit Koks befeuert wurde. Landsberg erhöhte unter anderem den Turm auf zehn Meter und baute das Allerneueste ein: eine Gebläse-Dampfmaschine (auch heute noch sehr laut, wenn sie angeworfen wird). So konnten täglich bis zu 2,7 Tonnen Roheisen hergestellt werden, die zu Schmiedewaren weiterverarbeitet wurden. Als dies unrentabel wurde, verlegte man sich auf Gusseisen: In der Gießerei schmolz man das Roheisen in zwei Kupolöfen und machte daraus Ofenplatten, Rohre oder Zahnräder. Doch all das half nichts: Im Ruhrgebiet produzierte man täglich schon 22 Tonnen Roheisen. 1865 wurde die Hütte stillgelegt. Aber Besucher können den Betrieb heute wieder mit allen Sinnen erfahren – unter anderem durch künstlich erzeugte Wärme am Ofen; Lichteffekte, die wie Glut aussehen, und die Möglichkeit, selbst eine Eisenerz-Schubkarre anzuheben.

Adresse Wocklumer Allee, 58802 Balve | **ÖPNV** Balve Bahnhof, Bus 132, 137 oder Bürgerbus Balve Linie 1, Haltestelle Helle (nur werktags) | **Anfahrt** A 46, Abfahrt Hüsten oder Abfahrt Iserlohn, A 45, Abfahrt Lüdenscheid, jeweils auf B 229 Richtung Balve-Wocklum, die Luisenhütte ist ausgeschildert | **Öffnungszeiten** Mai–Okt. Di–Fr 9.30–17, Sa, So, feiertags 11–18 Uhr, Infos: www.maerkischer-kreis.de | **Tipp** Eine Stärkung gibt es in der »Hüttenschänke«, einem ehemaligen Arbeiterhaus. Auf dem Gelände liegt außerdem das Museum für Vor- und Frühgeschichte, Kombiticket mit der Luisenhütte möglich, Infos: www.balve.de.

16__Die St.-Blasius-Kirche

Alles gut bei »den Bösen«

Hönnetal gegen Ende des 8. Jahrhunderts: Die Franken unter Karl dem Großen sind eifrig bemüht, die sächsischen Gebiete unter Führung Widukinds zu missionieren. Dabei kommen sie auch nach Balve und zerstören die dortige Kultstätte. Die Balver wehren sich heftig, und schnell hat die Siedlung ihren Namen weg: »Ballova« – bei den Bösen. Doch schließlich werden auch sie mitsamt Widukind christianisiert, eine erste Kirche wird an der Stelle der alten Kultstätte errichtet, und zwar rund 100 Meter außerhalb der Siedlung!

Daran sollte sich auch nichts ändern, als im 12. Jahrhundert eine romanische Kirche gebaut und Balve 1430 zur Stadt erhoben wurde: Die Pfarrkirche blieb, wo sie war: außerhalb der Stadtbefestigung, was die inzwischen katholischen Balver nicht weiter störte. Empörter reagierten sie jedoch auf neue Missionsversuche seitens der Protestanten im Truchsessischen Krieg (1583–1588), gegen die sie sich standhaft wehrten und den Spruch prägten: »Säu faste ärre Balve« – so fest wie Balve.

Nicht verhindern konnten sie allerdings, dass die Franzosen während des Siebenjährigen Krieges (1756–1763) auf dem Kirchhof eine Feldbäckerei und eine Metzgerei einrichteten und aus der Kirche kurzerhand ein Mehlmagazin machten. Dennoch wurde – Seite an Seite mit den Franzosen – weiter Gottesdienst gehalten: im »Wocklumer Häuschen«, einem Mausoleum.

Im 19. Jahrhundert wurde die Kirche bald zu klein, und 1914 wurde der neoromanische Anbau mit unregelmäßiger Oktogonkuppel und einem Durchmesser von rund 18 Meter geweiht. Vorbild war die Kapelle der Aachener Kaiserpfalz, dem heutigen Zentrum des Aachener Doms. Auch im Inneren kann St. Blasius mit dem berühmten Vorbild mithalten: mit einem Hochaltar von 1696, einer Kanzel von 1545, schönen Fresken und natürlich mit den fünf Statuen des heiligen Blasius. Inzwischen steht die Kirche im Dorf, alles ist gut, und so soll es bleiben.

Adresse Kirchplatz, 58802 Balve | **ÖPNV** Balve Bahnhof, circa 10 Minuten Fußweg |
Anfahrt B 229 Richtung Balve, weiter auf Sauerlandstraße/B 229 und auf Hauptstraße/
B 229, rechts auf Mellener Straße, rechts auf Kirchplatz | **Tipp** Einkehren kann man im
Haus »Drei Könige« (Hauptstraße 6). Hier ruhten am 11. Dezember 1803 für eine Nacht
die Gebeine der Heiligen Drei Könige, die vor den Franzosen aus Köln in Sicherheit
gebracht worden waren und sich nun auf dem Rückweg befanden.

17_ Der Rauchgaskamin

Eine Umweltschutzmaßnahme des 19. Jahrhunderts

Ramsbeck im Valmetal hat eine lange Bergbautradition. Besonders im 19. Jahrhundert gab es in den umliegenden Bergen und Tälern eine rege Grabungstätigkeit – man suchte nach Eisenerz, Blei und Zink.

Ein Relikt dieser Zeit ist der 1854 erbaute Rauchgaskamin auf dem 745 Meter hohen Bastenberg. Wegen seiner Wuchtigkeit und seines quadratischen Grundrisses sieht er eher wie ein Aussichtsturm als wie ein Schlot aus, doch kann man ihn leider nicht besteigen. Der Grundriss kam vielmehr zustande, weil man damals noch keine hohen, schlanken Schornsteine mauern konnte. Der Kamin war Teil eines ganzen Systems am Bastenberg: Die giftigen Gase aus der am Berg liegenden Bleihütte, wo das Bleierz verarbeitet wurde, leitete man durch einen 385 Meter langen gemauerten Kanal am Berghang hoch zum Kamin. Auf dem Weg kühlte sich das Gas ab und blieb so in einem eigens gebauten Kammersystem hängen. Die restlichen Rauchgase wurden durch den Kamin in die Luft geblasen – hoch über den Siedlungen im Tal. Es war eine Auflage der preußischen Regierung gewesen, die schädlichen Stoffe möglichst weit von den Menschen wegzuleiten. Ein Teil des Rauchgaskanals ist heute noch am Weg sichtbar.

1907 wurde der Kamin stillgelegt. Heute kümmert sich der Kaminfahnen-Förderverein um ihn und sorgt dafür, dass die Landesflagge und zu Weihnachten ein leuchtender Stern an seiner Spitze stehen. Seit Herbst 2011 ist der Kamin Teil des neu geschaffenen, 8,5 Kilometer langen Bergbauwanderweges, der an 24 Stationen die reiche Bergbauvergangenheit Ramsbecks und den Alltag der Bergleute erklärt. Als Start- und Endpunkt fungiert das Besucherbergwerk (siehe Seite 46). Von den damals über 60 Stollen am Bastenberg ist noch der geheimnisvolle Eingang des Venetianerstollens zu sehen, der theoretisch begehbar, aber an manchen Stellen sehr eng und niedrig ist. Auf Knopfdruck wird der Stollen beleuchtet.

Der Kamin
Wahrzeichen Ramsbecks
Seit seiner Gründung 1982 hat der
„Kaminfahnenförderverein", K F F v
es sich zur Aufgabe gemacht, dieses
Baudenkmal in Stand zu halten um
somit seiner historischen Bedeutung
gerecht zu werden.
2001 wurden die gesamten Aussenanlagen
in Gemeinschaftsarbeit neu gestaltet.
Im Sommer weht eine Fahne, zur
Weihnachtszeit leuchtet ein Stern und zur
Osterzeit ein Kreuz auf dem Kamin.

Adresse Pfannenstraße/Heinrich-Lübke-Straße, 59909 Bestwig-Ramsbeck | **ÖPNV** Bestwig Bahnhof; Bus 471, Haltestelle Ramsbeck-Werdern, Fußweg | **Anfahrt** A 445 oder A 46 bis zum Ende, auf die B 7 Richtung Bestwig abbiegen, der K 45, dann der K 44 folgen, auf die L 776 (Heinrich-Lübke-Straße) fahren; an der Kreuzung mit der Pfannenstraße zweigt der Bergbauwanderweg ab, der zum Rauchgaskamin führt. | **Öffnungszeiten** Wanderweg immer zugänglich (Info: http://foerderverein-sauerlaender-besucherbergwerk.de), Kamin nur von außen | **Tipp** Im Ortsteil Ostwig steht ein weiterer Rauchgaskamin: der mit zehn Metern Höhe niedrigere, allerdings nie in Betrieb genommene Kamin auf dem Steinberg, per Wendeltreppe zu besteigen.

18__Die Regenbogenwand

So bunt wie ein Tag Schule

Die Turnhalle des Bestwiger Franz-Hoffmeister-Schulzentrums strahlt in neuem Glanz: Ein Regenbogen ziert die Rückseite der Dreifachhalle entlang der Tartanbahn. Entstanden ist er im Zuge allgemeiner Anstricharbeiten am Schulzentrum. Aber was hat ein Regenbogen mit Schule zu tun? Eine ganze Menge!

Im Physik- und Biologieunterricht würden wir lernen, dass Regenbögen etwas mit der Brechung von Wassertropfen und Sonnenlicht zu tun haben. Auch Wellenlängen und der Augenwinkel des Betrachters spielen eine Rolle. Der Religionsunterricht ginge auf die symbolische Bedeutung eines Regenbogens ein: Im jüdischen Glauben ist er Symbol für den Bund zwischen Gott und den Menschen, im Christentum steht er für die Strahlkraft Gottes als Brücke zwischen Himmel und Erde. Ist im Politikunterricht Zeit für die Friedensbewegung, wären die PACE-Flaggen tolles Anschauungsmaterial; im Kunstunterricht könnte der Regenbogen als Bildmotiv am Beispiel von Künstlern wie Caspar David Friedrich oder Peter Paul Rubens, im Musikunterricht mit dem Lied »Over the Rainbow« zum Thema werden.

Schule ist bunt – genau wie ein Regenbogen. Und aus diesem Grund ließ die Gemeinde Bestwig die Turnhallenfassade in den Farben des Regenbogens neu gestalten. Die Schüler sollen Schule nicht bloß als Ort der Wissensvermittlung, sondern als einen positiven Lebensraum begreifen, sie sollen sich hier wohlfühlen.

Und das tun sie! Nicht nur, dass die Turnhalle in den Abendstunden für Sportvereine zur Verfügung steht, auch während des Unterrichts zeigen sich die Schüler engagiert, 2011 zum Beispiel mit der Teilnahme am Schulduell des Radiosenders 1LIVE.

Bestwig liegt übrigens am 230 Kilometer langen RuhrtalRadweg, der durch 23 Städte und Kommunen führt. Wenn Sie einen Stopp am Schulzentrum einlegen, achten Sie bitte darauf, die Schüler nicht beim Wohlfühlen zu stören.

Adresse Zum Schulzentrum 1, 59909 Bestwig-Ostwig | **ÖPNV** Bestwig Bahnhof, Bus 350 und 390, Haltestelle Schulzentrum | **Anfahrt** von der B 7 Richtung Meschede am Ortseingang Bestwig links, Richtung Olsberg am Ortsende rechts in Zum Schulzentrum abbiegen und der Beschilderung folgen; die Turnhalle liegt unterhalb des Zentrums | **Öffnungszeiten** ganzjährig, bitte nicht während des Unterrichts besichtigen | **Tipp** Besuchen Sie in Bestwig die Skulptur am Rathaus von Architekt Bruno Lambart. Der Clou: Sie fängt Regenwasser des Rathauses auf und wird so zum Brunnen.

19__Das Sauerländer Besucherbergwerk

Als Ramsbeck Weltmetropole werden sollte

Als vor 320 Millionen Jahren die Großkontinente Gondwana und Euramerika kollidierten, geriet die Welt aus den Fugen: Gebirge entstanden, darunter das variszische, zu dem auch das Sauerland gehört, und in Ramsbeck öffneten sich Gänge und Flachen, in denen sich Erze absetzten – der Grundstein für den hiesigen Erzabbau war gelegt. Schon 1559 war die Blei- und Zinkförderung Lebensgrundlage.

Wegen schlechter Wirtschaftlichkeit wurden in der ersten Hälfte des 19. Jahrhunderts viele Kleinbetriebe zusammengelegt, und mit der Industrialisierung rückte Ramsbeck ins Blickfeld des Marquis de Sassenay, seines Zeichens Generaldirektor der Gesellschaft für Bergbau, Blei- und Zinkfabrikation zu Stolberg. Um die Erzbasis seines Unternehmens zu sichern, kaufte er 1853 die Gruben. De Sassenay war Visionär und wollte Ramsbeck zu einer Weltmetropole im größten Industriezentrum Europas ausbauen. Tausende von Bergleuten wurden angeworben, Pochwerke zur Erzaufbereitung gebaut und Hütten geplant. Der Traum platzte nur drei Jahre später, denn der Vision des Marquis fehlte die benötigte Portion Realismus: Es gab weder eine Kostenkalkulation, noch reichten die förderbaren Erzmengen aus. Der Marquis verschwand, viele Bergleute gingen zurück in die Heimat, und in Ramsbeck brach Not aus. Doch mit den technischen Neuerungen der Industrialisierung wurden die Fördermengen in den 1880ern gesteigert, und das fast 100 Jahre lang.

1974 war Schicht im Schacht: Obwohl in Ramsbeck noch immer Erze vorhanden sind, ist ihr Metallgehalt zu gering. »Ramsbeck ist reich an armen Erzen«, heißt es. Das kommt den heutigen Besuchern des Bergwerks zugute, die am Originalschauplatz den Glanz der alten Tage spüren können. Schon über Tage taucht man in der alten Lohnhalle ein in die Welt des Bergmanns, richtig spannend wird es nach der Fahrt mit der Grubenbahn 300 Meter unter Tage.

Adresse Glück-Auf-Straße 3, 59909 Bestwig-Ramsbeck | **ÖPNV** Bestwig Bahnhof, Bus 471, Haltestelle Ziegelwiese oder Kleine | **Anfahrt** A 46, Autobahnende Bestwig, links auf B 7, circa 2,5 Kilometer rechts Richtung Ramsbeck, circa 6 Kilometer bis Ortseingang Ramsbeck, rechts zum Parkplatz Bergbaumuseum | **Öffnungszeiten** Di–So 9–17 Uhr, letzte Einfahrt der Grubenbahn gegen 16 Uhr, Infos: Tel. 02905/250, www.sauerlaender-besucherbergwerk.de; festes Schuhwerk und warme Kleidung mitbringen | **Tipp** Das dreigängige Gruben-Light-Dinner mit Führung unter Tage ist ein echtes »Downlight«, Infos: www.hotel-nieder.de.

20_ Die Alpakas
Aus Südamerika ins Sauerland

Brilon hat nicht nur eine sehenswerte Altstadt, sondern auch Kurioses wie die Alpakazucht. Die Tiere haben schöne Namen wie Perlchen, Lidi und Mrs. Rose Button, ihres Zeichens Chefin der Herde und erstes Alpaka, das im Oktober 2006 aus Südamerika ins Sauerland kam. Mit ihr verwirklichten sich Elke Willecke-Wagner und Ralf Wagner ihren Traum von einer Alpakazucht.

In Südamerika dienen Alpakas als Lasttiere und werden wegen ihrer Wolle sehr geschätzt. Bereits bei den Inkas waren Mäntel aus Alpakawolle ein Zeichen des Wohlstands und der Macht. Doch die spanischen Eroberer hatten kein Interesse an den Alpakas, favorisierten sie doch ihre heimischen Schafe. Das Alpaka wurde zum Tier der armen Einheimischen und starb fast aus. Inzwischen sind die drei Millionen Alpakas wieder als Nutztiere geschätzt.

Denn Nutztiere sind sie, auch wenn sie einen auf Huckeshol aus treuen Augen und unter lustigen Frisuren hervor anschauen, die sie von Ralf Wagner auf dem Schertisch Marke Eigenbau verpasst bekommen haben. Ihre Wolle ist von hervorragender Qualität, und weil sie das Gras abbeißen und nicht abreißen, sind sie bodenschonende Weidepfleger. Wegen ihres ruhigen Wesens werden sie auch für Therapiezwecke unter anderem bei Autismus, geistigen Behinderungen oder Suchterkrankungen eingesetzt.

Die Herde auf Huckeshol wächst und gedeiht prächtig, und der Nachwuchs, Crias genannt, fühlt sich auch im selbst gebauten Planschbecken alpakawohl. Da sie ein ausgeprägtes Sozialverhalten haben, leben die Tiere in Herden, Männlein und Weiblein allerdings getrennt. Platz ist reichlich vorhanden, und die große Weide bietet nicht nur genug Schattenplätze, sondern auch Offenställe sowie genug Frischwasser und Futterraufen.

Übrigens können Alpakas spucken – als Zeichen der Herdenhierarchie und wenn sie sich angegriffen fühlen.

Seien Sie also gewarnt!

Adresse Huxol 1, 59929 Brilon-Bontkirchen | **Anfahrt** A 46 Richtung Meschede, Ausfahrt Richtung B 7 (Schilder nach Brilon/Bestwig/Winterberg), in Brilon im Kreisverkehr rechts auf Derkere Mauer, rechts halten auf Hoppecker Straße, L 870 folgen, links Richtung K 61, rechts auf Willinger Straße/K 61, rechts halten auf Zum Hoppecker Berg, rechts ab Richtung Huxol, Schildern zum Gasthof Waldesruh folgen | **Öffnungszeiten** nach Absprache unter Tel. 02963/1828, die Tiere stehen meist gut sichtbar auf den Weiden | **Tipp** Nach einem Besuch bei den Alpakas können Sie sich im angrenzenden Gasthof Waldesruh stärken, Infos: www.huckeshol.de/gastronom/gastro.htm.

21__ Die Altstadt

Ruhmreiche Geschichte live vor Ort

Heute liegt Brilon am östlichen Rand Nordrhein-Westfalens, zwischen dem Naturpark Arnsberger Wald zur Linken und dem Naturpark Diemelsee zur Rechten. Die Autobahnen führen entweder im Norden dran vorbei (A 44) oder enden noch vor der »Stadt des Waldes« (A 46). »Provinz«, hört man die Unkenrufe. Aber Brilon ist alles andere als provinziell. Das zeigt schon der Blick in die Geschichte: Einst war Brilon eine der bedeutendsten Hansestädte in Westfalen und eine der flächenmäßig größten Städte Deutschlands: Um 1350 zählte sie über 3.000 Einwohner und 600 Häuser, 1444 wurde sie Hauptstadt Westfalens. Auch mit anderen Superlativen wartet Brilon auf: Hier gibt es das älteste Rathaus Deutschlands im romanischen Stil mit Barockfassade (um 1250 erbaut), dazu die ältesten Schützenstatuten Westfalens (von 1417). Auch Jubiläen feiert man gern: 1970 die 750-Jahr-Feier der Stadtgründung, 1973 die 1.000-jährige Tradition des Dorfes Altenbrilon, 1988 das 600-jährige Jubiläum des Briloner Schnadezugs, während dem die Stadtgrenze abgeschritten wird, und bis 2020 rüstet man sich zur 800-Jahr-Feier.

Angefangen hat alles vor über 1.000 Jahren, als eine Reiterschar durch die dichten Wälder irrte. In einem Gehöft stießen sie auf Gastfreundschaft, und zum Dank gab es am nächsten Tag den kaiserlichen »Brei-Lohn«, denn es handelte sich bei den Besuchern um Kaiser Karl den Großen samt Gefolgschaft, der den Bauern nun allen Wald schenkte, den sie an einem Tag umreiten konnten.

So die Legende. Die erste urkundliche Erwähnung Brilons datiert ins Jahr 973, 1220 folgte die Stadtgründung, um 1250 wurden die Propsteikirche im spätromanischen Stil und das Rathaus erbaut. Neben vielen anderen Zeitzeugen sind sie auch heute noch bei einem Gang durch die charmante Altstadt zu besichtigen. Von der Stadtmauer gibt es nur noch wenig zu sehen, darunter das Derker Tor samt Pietà, aber die Fachwerkhäuser, die Brunnen, die Kirchen und die hübschen Plätze entschädigen!

Adresse Derkere Straße, 59929 Brilon; hier steht das Derker Tor als Eingang zur Altstadt-tour | **ÖPNV** Bus 481, Haltestelle Derker Tor | **Anfahrt** A 46 Richtung Meschede, Abfahrt Richtung B 7 (Schilder nach Brilon/ Bestwig/Winterberg), in Brilon im Kreisverkehr rechts auf Derkere Mauer, links auf Derkere Straße | **Tipp** Unter www.brilon-tourismus.de/de/stadt-land-fluss/sehenswertes/altstadtrundgang/altstadtrundgang.php finden Sie einen Stadtplan mit Erklärungen zu den Sehenswürdigkeiten.

22 Das Labyrinth
Meditatives Umkreisen des Zentrums

Labyrinthe faszinieren die Menschen schon seit Tausenden von Jahren. Bekannt ist die Geschichte des Minotaurus, des Menschen mit Stierkopf, der in einem Labyrinth eingesperrt war. Theseus, der den Minotaurus dort erschlug, legte auf Ariadnes Rat einen Faden aus und fand so wieder zum Ausgang. In diesem Fall war es also ein Labyrinth, in dem man sich verirren konnte, in Deutschland auch als »Irrgarten« bekannt: Bevor man in die Mitte gelangt, steht man des Öfteren vor Sackgassen und muss umkehren.

Das Labyrinth in Drolshagen, an exponierter Stelle auf einem Hügel gelegen, ist von der anderen Sorte: Es ist nicht gewünscht, dass man sich darin verirrt. Da es aus (noch) ziemlich niedrigen Hecken besteht, wäre das auch kaum möglich. Nein, so ein Labyrinth zwingt die Besucher vielmehr, den Mittelpunkt, den man schon sehen kann, auf einem verschlungenen Weg zu umkreisen. Der Weg geht immer weiter, wechselt die Richtung; es gibt keine Wahlmöglichkeiten. Wer das Labyrinth betritt, merkt schnell, dass es hier um eine Übung in Geduld geht: Wie schnell ginge es, direkt zur Mitte vorzustoßen (der ganze Kreis hat einen Durchmesser von gerade einmal 28 Metern) – aber man muss geduldig Kreise ziehen; 390 Meter hin und 390 Meter zurück zum Ausgang, was länger dauert, als man denkt. Es ist eine meditative Erfahrung und von den Erbauern auch so gedacht: das Labyrinth als Weg zu sich selbst.

Das Drolshagener Labyrinth ist den christlichen Labyrinthen nachempfunden, die man zum Beispiel auf den Böden großer Kathedralen sieht – nur, dass man dort das Zentrum elfmal und hier siebenmal umkreist. Dazu passt, dass man vom Labyrinth aus eine schöne Aussicht auf die St.-Clemens-Kirche im Tal hat und auch der Ein- und Ausgang dorthin ausgerichtet ist. Seit Eröffnung der Anlage 2007 sind die Rotbuchenhecken schon ein Stück gewachsen – man darf gespannt sein, wie sich der Charakter des Labyrinths noch verändert.

Adresse Stupperhof, 57489 Drolshagen-Stupperhof | ÖPNV Olpe oder Gummersbach Bahnhof, Bus 301 bis Drolshagen-Hützemert, dann Bus R52, Haltestelle Drolshagen-Stupperhof | Anfahrt B 54/55 aus Richtung Olpe, im Kreisverkehr Richtung Benolpe fahren, von der Benolper Straße zum Stupperhof abbiegen, ab dort ausgeschildert | Öffnungszeiten jederzeit zugänglich | Tipp An Wochenenden und Feiertagen wird die Scheune des nahen Stupperhofs zur Jausenstation »Op'm Stupper«. Beim Betreiben der Scheunenwirtschaft helfen die Jugendlichen, die hier in einer therapeutischen Gruppe wohnen, Infos: Tel. 02763/212480.

23__ Die Schlüsen

On the Road im Mittelalter

Früher war alles besser; da kannte man noch keine Autobahnen, die von Lastwagen mit Gütern aus fernen Ländern verstopft wurden, die besonders vor Steigungen mancherlei Stau verursachen und die Luft mit ihren Abgasen verpesten. Zumindest der letzte Punkt stimmt – alle anderen gehören ins Reich der Verklärung. Bereits im Mittelalter gab es nämlich Auto-, pardon, Fuhrwerksbahnen: die Hohlwege. Im Drolshagener Land heißen sie Schlüsen, und in Junkernhöh gibt es ein ganzes Bündel davon samt Lehrpfad.

Auf den ersten Blick sind es wellenförmige Hügel im Waldboden, auf den zweiten erkennt man das System. Denn vor allem an Steigungen waren die Handelswege mehrspurig angelegt, sodass leichtere Fuhrwerke die schwereren überholen konnten. Und das kam oft vor, denn der Verkehr war rege: Junkernhöh liegt auf einer Anhöhe an der Kreuzung zweier Handelswege, und Händler aus aller Welt transportierten Kohle, Erz und Waren des täglichen Bedarfs über die Schlüsen. Bei einspurigen Hohlwegen galten besondere Regeln: Vorfahrt hatte, wer zuerst in den Weg einfuhr. Und da das Blickfeld begrenzt war, musste sich der Fahrer mit Peitschenknallen und Pfeifen ankündigen. Im Zweifelsfall galt das Recht des Stärkeren. Vor allem bei Regen war die sechsprozentige Steigung nur schwer zu nehmen. Ein Vorspanndienst in Junkernhöh half deshalb mit zusätzlichen Tieren aus. Noch um 1830 gab es hier drei Gebäude mit zwei Gasthäusern und einer Schmiede, dazu einen großen Park- und Wendeplatz. Raststätten gab es also auch schon.

Mit den Preußen kamen die »Kunststraßen« (heute B 54), die Warenaustausch und Personenverkehr beschleunigten und vereinfachten. Die Schlüsen verloren an Bedeutung, und Junkernhöh fiel in einen Dornröschenschlaf mit existenziellen Folgen für die Bewohner. Heute profitieren wir davon, denn auf dem 1.000 Meter langen Lehrpfad können wir ein seltenes Ensemble bestaunen – untermalt vom Rauschen der Autobahn im Hintergrund.

Adresse Am Frohnen Wenden, 57489 Drolshagen-Junkern | **Anfahrt** A 45, Abfahrt
Drolshagen, Richtung Bergneustadt auf L 708, links auf K 15, 1. rechts auf Sengenauer
Weg, weiter auf Am Frohnen Wenden (Schildern folgen, der Startpunkt liegt im Tal) |
Öffnungszeiten immer zugänglich | **Tipp** In Drolshagen steht das Wahrzeichen des
Drolshagener Landes: der Turm der St.-Clemens-Kirche von 1491. Seine Glocken sind
eines der musikalisch anspruchsvollsten Geläute Westfalens.

24 Die Waldkapelle Hünkeshohl

Versteckte Marienverehrung im Wald

Die Waldkapelle Hünkeshohl ist ein ganz besonderer Ort, und man fragt sich, auf den Holzbänken sitzend, was zuerst da war: der Ort oder die Atmosphäre. Es ist ein Ort zum Zurücklehnen, und zwar buchstäblich, denn die Bänke haben Hanglage.

Alles begann mit Theresia Berg (1861–1929), einer armen, aber umso frommeren Jungfrau aus Drolshagen. In den kalten Wintern sammelte die »Berges Thres« Holz und Reisig im Wald. Eines Tages im Winter 1909 fand sie dort ein zerknittertes Bild der Gottesmutter Maria, und das, obwohl seinerzeit kaum jemand in diese Gegend kam. Theresia befestigte das Bild mit einer Haarnadel an einem Baum und kam fortan zum täglichen Gebet in die Waldeinsamkeit. Stets brachte sie frische Blumen, und weil sich das Bild allmählich zersetzte, schleppte sie eine Nachbildung der Muttergottes von Fatima an ihren geheimen Ort der Marienverehrung. Es waren Kinder, die sie begleiteten und ihr Geheimnis den Eltern erzählten.

Im Ersten Weltkrieg gingen viele Drolshagener zur Marienstatue in den Wald und baten um Linderung ihrer Sorgen. Und Maria half! Sie erhörte auch die Gebete des Soldaten August Bone, der fernab der Heimat gelobte, den Gebetsort auszubauen und zu pflegen, wenn er heil aus dem Krieg nach Hause käme. Und so errichteten 1919 einige junge Männer ein strohgedecktes Kapellchen aus Birkenstämmen nebst Bänken zum Verweilen. August Bone pflegte die Anlage bis ins hohe Alter. Doch die kleine Kapelle wurde morsch, und im Marianischen Jahr 1954 errichtete die Kolpingsfamilie ein Wallfahrtskirchlein aus Baumstämmen. In der Mitte steht ein Altar, an den Wänden ringsum gesäumt von Dankestafeln und Bittbriefen an Maria.

Noch heute ist die Kapelle ein Zufluchtsort. Egal, ob man Ruhe sucht oder nicht: Hier findet man sie – auf den Bänken neben der hübschen Gartenanlage samt Goldfischteich.

Adresse über Fußweg ab der Straße In der Trift, 57489 Drolshagen | **ÖPNV** Bus 301, R52, Haltestelle Hagener Straße, circa 25 Minuten Fußweg | **Anfahrt** A 45, Abfahrt Drolshagen, Richtung Bergneustadt, links Richtung Drolshagen halten, links auf Unter den Fichten/L 708, rechts auf In der Sengenau/K 15, im Kreisverkehr 3. Ausfahrt auf Hagener Straße/B 54/B 55, rechts auf Gerberstraße, links auf Im Kreuzseifen, 1. rechts auf In der Trift | **Tipp** Der mit »d« markierte Rundwanderweg Drolshagen startet in Siebringhausen und führt in einer großen Schleife um Drolshagen.

25 Bald's historische Fahrzeugschau

Ein Fest für Motorradfreunde

Wer in Erndtebrück vorbeifährt – vielleicht sogar auf dem Motorrad –, der sollte auf jeden Fall bei Rudolf Bald und seiner Fahrzeugschau haltmachen. In der Ausstellungshalle bekommen selbst die, die nichts mit Motoren am Hut haben, große Augen: Da steht eine ganze Reihe chromblitzender BMW-Motorräder aller Jahrgänge, mindestens 40 Stück, alle gleich ausgerichtet und alle so blitzblank gewienert, dass selbst die älteste Maschine noch so aussieht, als sei sie gerade erst gebaut worden.

BMW-Motorräder sind das liebste Hobby von Rudolf Bald. Das merkt man auch daran, dass seine Fahrzeughalle zum Teil bayrisch weiß-blau gekachelt ist. Das älteste BMW-Motorrad in seiner Sammlung ist eine R 32 von 1923, die damals – ohne Extras wie den Soziussitz – 2.200 Reichsmark kostete. Zur Sammlung gehören auch das Renngespann, mit dem Walter Schneider und Hans Strauß 1958 und 1959 Seitenwagenweltmeister wurden, ein Polizeimotorrad aus den 1950er Jahren und viele weitere Motorräder, alle mit Originalersatzteilen fahrtüchtig gehalten. Bald, der schon als kleiner Junge im Beiwagen seines Vaters durchs Wittgensteiner Land brauste, fährt auch heute noch gern Motorrad. Als gelernter Werkzeugmacher hat er so manches Stück selbst restauriert. Den Traum eines eigenen Museums erfüllte er sich, als er 1995 pensioniert wurde.

Außer Motorrädern zeigt Rudolf Bald auch einige Auto-Schätzchen, darunter einen De Dion Bouton von 1900 – eines der ersten Automobile überhaupt – und einen BMW von 1939 mit Allradlenkung und -antrieb, ein extrem seltenes Stück. Nostalgische Plakate, eine historische ARAL-Zapfsäule und Uniformen aus alten Zeiten runden die Ausstellung ab. Eine lieb gewordene Tradition sind die regelmäßigen Tage der offenen Tür, deren Spendeneinnahmen traditionell an die DRK-Kinderklinik in Siegen gehen.

Adresse Grimbachstraße 34, Ecke Sonnenweg, 57339 Erndtebrück | **ÖPNV** Erndtebrück Bahnhof, Bus B 302, Haltestelle Grimbachstraße | **Anfahrt** A 4 und A 45, Abfahrt Kreuztal, B 62 Richtung Hilchenbach; A 45 von Süden, Abfahrt Dillenburg, B 62 Richtung Bad Laasphe, in Erndtebrück im Kreisverkehr auf Grimbachstraße Richtung Hachenberg-Kaserne | **Öffnungszeiten** nach Anmeldung unter Tel. 02753/3352 oder museum@bald-online.de, Infos: http://fahrzeugschau.bald-online.de | **Tipp** In Erndtebrück-Zinse betreiben die Balds einen gemütlichen Landgasthof, mit selbst gebackenem Kuchen und selbstverständlich mit Motorradgarage, Infos: http://landgasthof.bald-online.de.

26__Die Schmerlecker Mühle
Wenn's mal wieder länger dauert

Viele Autofahrer kennen die Städte Erwitte und Anröchte an der A 44 – aus den Verkehrsnachrichten, wenn die Staus verlesen werden. Sollten Sie in der Gegend mal wieder im Stau stecken, lohnt sich ein kleiner Umweg über die B 1 nach Erwitte in der Soester Börde.

Dieses Gebiet war nicht nur Herrschaftsgebiet der Stadt Soest, sondern zeichnete sich durch die flachen und fruchtbaren Böden aus. In den waldarmen Gebieten konnte der Wind besonders ungestört pfeifen, sodass der Ort prädestiniert für Windmühlen war. Neben den vielen modernen Windrädern hat es am Alten Hellweg eine Windmühle bis in die heutige Zeit geschafft. Es ist die 1831 gebaute Schmerlecker Mühle, ein unter Denkmalschutz stehender Durchfahrtholländer (weil man mit dem Fuhrwerk auf der einen Seite in den Mühlensockel einfuhr, seine Getreidesäcke ab-, die Mehlsäcke wieder auflud und dann auf der anderen Seite wieder hinausfuhr).

Bis 1897 brachten die umliegenden Bauern ihr Korn zur Mühle, dann wurde sie durch ein Feuer zerstört; der Wiederaufbau folgte, aber Dampfmaschinen und Elektromühlen machten der Mühle Konkurrenz. 1906, nach einem Besitzerwechsel, wurde in ihr nur noch Schrot bereitet. Das schützte sie jedoch nicht vor dem Lauf der Zeit; bis zum Ende des Zweiten Weltkriegs verfiel die Mühle zusehends, bis sich Anfang der 1960er Jahre der Landwirt Elmar Claes ihrer annahm.

Rund 20 Jahre dauerte die Restaurierung, ein Ausbau für gastronomische Zwecke folgte, und ab 2000 braute das Restaurant »Braumühle« sieben Jahre lang sein eigenes Bier. 2010 wechselte die Mühle erneut den Besitzer, und 2011, zum 180-jährigen Bestehen der Mühle, öffnete das Café Wind-Mühle nebst Biergarten und Spielplatz. Ausflügler erwarten hier an den Wochenenden leckere Kuchen oder kleine Imbisse, sowohl draußen an hübschen Tischen in den Sockelnischen als auch im stimmungsvollen Inneren. Und der Blick auf die Soester Börde macht jeden Stau vergessen …

Adresse Windmühlenweg 3, 59597 Erwitte-Schmerlecke-Seringhausen | **Anfahrt** von Soest aus auf Paderborner Landstraße/B 1 Richtung Erwitte, rechts auf Anröchter Straße/ L 808, 1. links auf Windmühlenweg | **Öffnungszeiten** Ostern–3. Okt. Sa 12–18 Uhr, So, feiertags 10–18 Uhr; 4. Okt.–Ostern So 14–18 Uhr und nach Absprache unter Tel. 02945/ 9695507 | **Tipp** Kommen Sie per Rad! Die Mühle liegt an der circa 275 Kilometer langen »BahnRadRoute Hellweg-Weser« von Soest über den historischen Hellweg und durchs Gütersloher Land bis zum Teutoburger Wald.

27 _ Der Fledermaustunnel

Ab durch die Mitte – mit oder ohne Fahrrad

Der Fledermaustunnel heißt eigentlich Kückelheimer Tunnel und ist ein alter Eisenbahntunnel an der ehemaligen Nebenstrecke Finnentrop–Wennemen, die 1911 eröffnet und 1966 stillgelegt wurde. Nachdem alle Gleise entfernt waren, lagen Tunnel und Bahndamm lange brach, bis man in den 1990er Jahren aus vielen stillgelegten Bahntrassen Fahrradwege machte – so auch hier. Andere Orte in der Gegend waren ebenfalls auf diese Idee gekommen, so wurde daraus eine runde Sache: der SauerlandRadring, ein 83 Kilometer langer Radrundweg über Schmallenberg, Lennestadt, Finnentrop und Eslohe. Das letzte fehlende Teilstück war der Tunnel, der 2007 für Radfahrer und Fußgänger freigegeben wurde.

Der Weg durch den 689 Meter langen Tunnel ist asphaltiert, breit und eben; der Tunnel ist beleuchtet und besitzt Notruftelefone. Trotz allem bleibt noch ein Rest Abenteuergefühl beim Hineinfahren, denn der Tunnel ist lang und gekrümmt genug, dass man das andere Ende nicht sehen kann – und wer weiß, vielleicht begegnet man ja einer Fledermaus? Dies ist jedoch eher unwahrscheinlich, denn die Fledermäuse – hauptsächlich die Bartfledermaus und das Braune Langohr – ziehen hier nur zum Winterschlaf ein. Der Tunnel ist dann aus Rücksicht auf die Tiere zu: Jedes Jahr vom 1. November bis zum 31. März werden die schweren Tore auf beiden Seiten geschlossen, und die Fledermäuse richten sich in der Mitte des Tunnels bei einer Temperatur von sechs bis acht Grad Celsius und hoher Luftfeuchtigkeit häuslich ein. Der Radweg macht in dieser Zeit einen (ausgeschilderten) Umweg.

Bei der Neueröffnung des Tunnels fiel auf, dass das Tunnelschild der Kückelheimer Seite fehlte. Es wurde schließlich im Depot des Schieferbergbau- und Heimatmuseums in Schmallenberg-Holthausen gefunden, wo es einmal ausgestellt war, und gegen die symbolische Gabe eines Fünf-Liter-Fässchens Esloher Essel-Bräu zurückgegeben.

Adresse Auf dem SauerlandRadring zwischen Eslohe-Kückelheim und Finnentrop-Fehrenbracht | **ÖPNV** Lennestadt-Grevenbrück oder Freienohl Bahnhof, mit dem Bus zum Esloher Busbahnhof, von dort Bus 445, Haltestelle Kückelheim/Sportplatz, Fußweg | **Anfahrt** von der L 880 in Kückelheim aus ausgeschildert – man fährt unter einer Unterführung durch, von dort zu Fuß zum Radweg links über eine Rampe auf den Bahndamm, dann circa 2 Kilometer nach rechts | **Öffnungszeiten** April–Okt. zugänglich | **Tipp** In Eslohe lohnt sich ein Besuch des Maschinen- und Heimatmuseums, Infos: www.museum-eslohe.de. Danach bietet sich ein frisch gebrautes und gezapftes Naturbier »Essel-Bräu« aus dem Esloher Brauhaus an, Infos: www.essel-braeu.de.

28__Das Pumpspeicherwerk

Am einsamen, außerirdisch anmutenden Oberbecken

Rund um das Oberbecken des Pumpspeicherwerks Rönkhausen führt ein gut zugänglicher und beliebter Spazierweg. Trotzdem kann es sein, dass man dort allein steht – und dann ist es tatsächlich ein wenig gespenstisch. Vom Fuße des Berges oder vom Wanderparkplatz aus strebt man nach oben, dem Gipfel zu, wo der künstliche See liegen soll.

Bis zum Schluss verbirgt er sich vor den Blicken. Man passiert ein Drehkreuz aus den 1960er Jahren und geht die Schräge zur Dammkrone hinauf. Erst jetzt kommt das längliche Oval des Beckens ins Blickfeld. Die eine Million Kubikmeter Wasser sind von hermetisch abgedichteten, geteerten Ufern umgeben, und es wirkt, als hätten Außerirdische den Berggipfel ausgehöhlt, um dort eine riesige Badewanne zu bauen. Der abweisend aussehende Überlaufturm, der an einem Ende im Wasser steht (damit der See bei Starkregen nicht überschwappt), trägt zu dieser Stimmung noch bei. Die Aussicht von hier oben ist großartig – und konkurriert mit so manchem Aussichtsturm. An strategischen Stellen stehen breite Liegestühle mit Kippmechanik.

Das Becken ist Teil des Pumpspeicherwerks, das so funktioniert: 270 Meter tiefer liegt die ebenfalls künstlich angelegte, 750 Meter lange Glingebachtalsperre, das Unterbecken. Von dort wird, wenn gerade viel Strom zur Verfügung steht, durch den 936 Meter langen Druckstollen Wasser ins Oberbecken gepumpt (44.000 Liter pro Sekunde). Bei Spitzenzeiten donnert das Wasser dann wieder ins Tal und treibt dort die Turbinen an. So werden Schwankungen im Stromnetz ausgeglichen – mit einer Leistung von 140 Megawatt.

Das ganze Ensemble wurde 1969 fertiggestellt. Der Stollen und große Teile des Krafthauses am Unterbecken liegen unter der Erde. Das Unterbecken liegt sehr tief unten im Tal und ist über eine Serpentinenstraße zu erreichen. Auch hier ist es ein wenig gespenstisch, denn man hört nur das Brummen der Turbinen im Krafthaus.

Adresse Oberbecken, 57413 Finnentrop-Rönkhausen-Glinge | **ÖPNV** Finnentrop Bahnhof, Bus R80, Haltestelle Rönkhausen/Am Nückel, Fußweg | **Anfahrt** A 45, Abfahrt Olpe, B 54/55, dann L 880 nach Finnentrop, dort auf B 236, am Wasserschloss rechts auf L 737, in Müllen links auf K 30, dann noch zweimal links, dann Schildern folgen | **Öffnungszeiten** Oberbecken ganzjährig geöffnet; Führungen durch das Krafthaus möglich, Infos: Tel. 02331/123-22720; www.mark-e.de. | **Tipp** Etwas ältere, aber ebenfalls funktionierende Wasserkraft gibt es im Ortsteil Fretter in der über 600 Jahre alten Mühle am Fretterbach zu bestaunen. An Wochenenden und Feiertagen gibt es hier Kaffee und Kuchen, Infos: www.muehlencafestuebchen-brill.de.

29 Fachwerkaltstadt und Fachwerkweg

Von Alten Flecken und Wilden Männern

Das pittoreske Städtchen Freudenberg liegt inmitten von Wäldern und Wiesen im schönen Siegerland. Beschaulich steht es da, vor allem der »Alte Flecken«, wie die Bewohner ihre Fachwerkaltstadt liebevoll nennen. Diese ist zum »Baudenkmal von internationaler Bedeutung« gekürt und das Wahrzeichen der Region; unzählige Male hielt sie schon als Fotomodell her, einmal sogar als TV-Filmkulisse.

Geschlossen posiert das schwarz-weiße Fachwerkidyll vor der Linse. Zu verdanken ist dies ironischerweise einem Feuer im Jahr 1666, nach dem der Flecken mit zweigeschossigen Fachwerkhäusern einheitlich neu aufgebaut wurde. Von den Gebäudefassaden blickt einem vielfach der »Wilde Mann« entgegen, so vom Ostgiebel des Eckhauses Oranienstraße/Mittelstraße. Obwohl er historisch eine unheilabwehrende Funktion besessen haben soll, handelt es sich in erster Linie um eine Verstrebungsfigur im Fachwerk, die einem Strichmännchen mit gestreckten Armen und gespreizten Beinen ähnelt. Tatsächlich stammt die Bezeichnung von den in Mythen und im Volksglauben vorkommenden »Wilden Männern«, den Urmenschen im dichten Wald.

In ebenjenen führt deshalb auch der im Juni 2011 eröffnete Fachwerkweg »Wilder Mann«, der die Entwicklung vom Baum zum Balken für den Hausbau beschreibt. Start und Ziel der rund zwölf Kilometer langen Strecke ist daher der Alte Flecken mit seinen verwinkelten Gassen und dem Stadtmuseum. Vom Aussichtspunkt im hochgelegenen Kurpark – Freudenberg ist Luftkurort – geht der Blick aufs Fachwerkidyll. Weitere Stationen des dreieinhalbstündigen Weges sind das Gambachtal, das Warmwasserfreibad (Badesachen mitbringen!), ein alter Verhüttungsplatz und der »Hohenhainer Tunnel«. Über Mausbach mit dem »Backes«, einem Backofen, geht es zurück in die Altstadt – quasi vom Wilden Mann im Wald zum Wilden Mann in der Stadt.

Adresse Burgstraße, 57258 Freudenberg, Startpunkt des Wegs »Wilder Mann«, Parkplatz P4 »Hinterm Schloß« **| ÖPNV** Siegen ZOB, Bus R37, Haltestelle Freudenberg, Mörer Platz **| Anfahrt** A 45, Abfahrt Freudenberg, L 562 ins Zentrum, Schildern Richtung P4 »Hinterm Schloß« folgen **| Öffnungszeiten** ganzjährig; Infos zum Weg: www.freudenberg-tourist.de; Stadtmuseum Mi, Sa, So 14–17 Uhr **| Tipp** Unweit der Wanderstrecke liegt das Café-Restaurant »Alte Schanze«, Hohenhainer Straße 13, Freudenberg. Es bietet Kuchen, warme Gerichte, aber auch Übernachtungsmöglichkeiten.

30 Das Technikmuseum Freudenberg

Im Zeichen des Schraubens

Schrauben steht bei den Betreibern des Technikmuseums ganz hoch im Kurs. Bereits in den 70ern hatte sich in Freudenberg ein kleiner Kreis an »Schraubern« zusammengetan, um in einer baufälligen Fabrikhalle an Oldtimer-Traktoren zu werkeln. 1990 drohte der Einsturz der Halle, da half auch alles Schrauben nicht, eine neue musste her.

Als diese verkauft wurde, ging der inzwischen gegründete Verein Freunde historischer Fahrzeuge Freudenberg e.V. erneut auf Standortsuche und bat die Stadt Freudenberg, um die 100 Jahre alte Möller-Dampfmaschine an der Olper Straße eine Fachwerkhalle im Siegerländer Stil nebst Museum herumzubauen. Zufällig hatte ein Firmeninhaber solch eine Halle rumstehen – sie musste nur noch abgeschraubt, pardon, abgebaut und vor Ort aufgestellt werden.

Im Juni 2002 wurde das Technikmuseum eröffnet. Inzwischen lockt der Mix aus Oldtimern, Werkzeug- und Dampfmaschinen und Webstuhl jährlich 13.000 Besucher an. Das Museum ist zum Anfassen und Mitmachen: Die Dampfmaschine und die mechanische Werkstatt werden während der Öffnungszeiten regelmäßig in Betrieb gesetzt, des Schmiedens Kundige können ebenfalls zur Tat schreiten.

Aber auch der Zuschauer kommt auf seine Kosten: Allerlei landwirtschaftliche Geräte, Maschinen, Modellausstellungen von Oldtimern und Dampfmaschinen und ein Film zur Geschichte des Museums sind zu bestaunen. Ein kleines Juwel ist die Adler-Rennmaschine, das Motorrad, auf dem der Freudenberger Dieter Falk 1956 in der 250-Kubikzentimeter-Klasse die Deutsche Meisterschaft gewann.

Das Außengelände ist mehr als sehenswert. Hier fährt die Modelldampfbahn auf einem 200 Meter langen selbst gebauten Schienennetz und sammelt die Besucher am eigenen Bahnhof ein. Und wer sich stärken will, kann dies bei Kaffee und Kuchen tun – natürlich im eigenen Schrauberstübchen.

Achtung
Gartenbahn

Zum Bahnhof

Fahrkarten
an der Museumskasse

Adresse Olper Straße 5A, 57258 Freudenberg | **ÖPNV** Siegen Bahnhof, Bus R38, Haltestelle Siegener Straße; aus Olpe Bus R42, Haltestelle Olper Straße | **Anfahrt** A 45, Ausfahrt Freudenberg, nach circa 2 Kilometern Richtung Freudenberg rechter Hand | **Öffnungszeiten** Mai–Okt. So 10–18 Uhr, jeden 1. So von Mai–Okt. sind Schmiede und Webstuhl in Betrieb, Infos: www.technikmuseum-freudenberg.de | **Tipp** Das Technikmuseum hat einen vollen Veranstaltungskalender, darunter Oldtimertreffen, Workshops oder Stummfilmabende. Abonnieren Sie auf der Homepage den Newsletter.

31 Kultur in Hallenberg

Von leidenschaftlichen Passionen und passionierter
Leidenschaft

Ganz im Süden des Hochsauerlandkreises liegt die Stadt Hallenberg an den Ausläufern des Rothaargebirges. Mit ihren rund 4.400
Einwohnern ist sie die kleinste Stadt Nordrhein-Westfalens, doch es
ist eine Stadt mit Leidenschaft! Kulturelles Leben, meist von passionierten Ehrenamtlichen getragen, wird hier großgeschrieben.

So leistet sich Hallenberg seit 1946 eine Freilichtbühne mit über
1.400 Sitzplätzen. Allein die Naturkulisse eines ehemaligen Stein-
bruchs ist sehenswert. Inzwischen wurden mehr als 100 Stücke vor
über 1,1 Millionen Zuschauern inszeniert. 140 Hallenberger sorgen
jeden Sommer auf und hinter der Bühne für Theaterspaß.

Seit dem heiligen Jahr 1950 zählt auch die Passion Christi zum
Repertoire, die im Zehn-Jahres-Turnus vom Leben, Sterben und der
Auferstehung Jesu Christi berichtet. Jährlich dagegen wird seit mindestens 1746 die Hallenberger Osternacht begangen – der Brauch ist
hier so selbstverständlich, dass es nur relativ junge Aufzeichnungen
über ihn gibt, sein Ursprung aber im Dunkeln liegt.

Doch das hält den katholischen »Burschenverein Hallenberg e.V.«
von 1746 nicht davon ab, in der Nacht von Karsamstag auf Oster-
sonntag einen lärmenden Osterumzug durchzuführen. Die jungen
Männer treffen sich kurz vor Mitternacht mit Lärminstrumenten
und Osterkreuzen auf dem Marktplatz. Um fünf vor zwölf erlischt
die Straßenbeleuchtung, und sobald die Turmuhr der St.-Heribert-
Kirche Mitternacht geschlagen hat, erklingt das Hallenberger Oster-
lied »Ihr Sünder kommt gegangen«. Die bald 400-jährige Burschen-
trommel gibt darauf das Startsignal – für die anderen Lärminstrumente
und den Zug, der im historischen Stadtkern umgeht und die Kirche
traditionell dreimal umrundet.

Die zahlreichen Besucher sehen einen Umzug, der von den Beteiligten »mit äußerster Disziplin und feierlichem Ernst« begangen
wird – mit der Hallenberger passionierten Leidenschaft eben.

Adresse Freilichtbühne Hallenberg e.V., Freilichtbühnenweg 14, 59969 Hallenberg; Startpunkt Osternacht: Marktplatz/Kirchstraße | **ÖPNV** Freilichtbühne: Bus 356, 361, Haltestelle Freibad, circa 8 Minuten Fußweg; Kirchstraße: Bus 356, 361, Haltestelle Apotheke | **Anfahrt** Freilichtbühne: aus Richtung Winterberg der B 236 folgen bis Nuhnestraße, rechts auf Freilichtbühnenweg; Kirchstraße: auf B 236 bis Nuhnestraße, im Zentrum rechts auf Kirchstraße | **Öffnungszeiten** Geschäftsstelle Freilichtbühne, Infos: www.freilichtbuehne-hallenberg.de | **Tipp** Wer natürlichen Wasserspaß ohne Chlor und Chemie erleben will, sollte in der Freibadsaison das Naturbad Hallenberg besuchen, Infos unter www.naturbad-hallenberg.de.

32__ Der Grenzort Anschlag

Wo die Grenze schon im Ortsnamen steckt

Die 100 Bewohner von Anschlag sind daran gewöhnt, ihren Ort jeden Morgen in der Zeitung zu sehen: »Schon wieder drei Tote bei Anschlag!«

Der kuriose Ortsname ist aber nicht nur für Witze zu gebrauchen: Er zeigt auch an, dass sich hier eine Grenze befindet. Auf der Karte der Grafschaft Mark von 1791 ist der Ort mit »Am tollen Anschlag« bezeichnet, was auf eine Zollstation hindeutet (*tollen anschlag* = Zoll veranschlagen).

Tatsächlich verläuft hier auch heute noch, in einer wilden Zickzacklinie, die historische Grenze zwischen den Grafschaften Mark und Berg, zwischen Märkischem und Oberbergischem Kreis, zwischen Westfalen und Rheinland.

Diese Grenze ist als Kulturgrenze nach wie vor spürbar: Wandert man von Anschlag nach Westen, gibt es im Gasthaus plötzlich kein Pils mehr, sondern Kölsch; wird man plötzlich mit rheinischem Zungenschlag gegrüßt (»Juten Tach!«); stehen plötzlich Wegkreuze an der Straße. Anders als im Märkischen Kreis sind hier alle katholisch. Letzteres ist auch der Grund, weshalb die Bewohner der Stadt Halver alljährlich zum Karneval bis hinter Anschlag fahren müssen, um etwas vom rheinischen Frohsinn abzubekommen.

Teile von Anschlag, das eigentlich zu Halver gehört, liegen bereits auf rheinischem Territorium – was dazu führt, dass ein Teil der Bewohner ein anderes Autokennzeichen hat (GM statt MK) und im exotischen Wipperfürth wählen muss. Zur Völkerverständigung trägt das »Fußball-Länderspiel« bei, das seit den 1960er Jahren (mit Unterbrechungen) jeden Sommer ausgetragen wird: Auf den grünen Hügeln vor den Toren Halvers, am Hof Woeste (ebenfalls scharf an der Grenze), spielen eine rheinische und eine westfälische Mannschaft gegeneinander. Das anschließende Besäufnis in der Scheune begehen alle gemeinsam – vereint unter der Flagge Nordrhein-Westfalens.

Anschlag
Stadt Halver
Märkischer Kreis

Adresse 58553 Halver-Anschlag | **Anfahrt** auf der L 284 von Halver nach Wipperfürth kommend rechts nach Anschlag abbiegen | **Tipp** Wer auf der L 284 vom Abzweig nach Anschlag aus nach Wipperfürth weiterfährt, kann nach kurzer Zeit, versteckt im Gebüsch am rechten Straßenrand, noch einen alten rheinisch-westfälischen Grenzstein sehen. Lustigerweise ändert sich an dieser Stelle auch merklich der Straßenbelag …

33 Der Schwarzpulver-Gedenkstein

Dramatische Erinnerung an ein explosives Unglück

Unweit von Anschlag (siehe vorige Seite) im bergisch-märkischen Grenzgebiet liegt an einem Waldrand das Fragment eines Gedenksteins mit der Aufschrift: »1719 DEM 8 SEPT IST JOHANES VON DER HOFEN ALLHIER ERBERMELICH ZUM DOH(D) KOMEN«. *Wie* dieser Johannes umgekommen ist, sagt uns der Stein nicht – im nahen Halver erzählen manche, es sei durch einen Blitzschlag gewesen. Tatsächlich war er an jenem Tag als Fuhrmann mit einer Ladung Schwarzpulver unterwegs. Seine Pferde sind vielleicht durchgegangen; vielleicht war er auch unachtsam mit seiner Pfeife – jedenfalls barsten die Pulverfässer, es gab einen großen Knall, und von ihm und dem Wagen blieb nicht mehr viel übrig.

Damals war das nahe Bergische Land eine Hochburg der Pulvermühlen (noch heute ist »Pulvermacher« dort ein typischer Nachname). Für die Jagd, für Kriegswaffen und Sprengarbeiten wurde viel Pulver gebraucht. Die benötigte Holzkohle wurde aus heimischen Faulbäumen hergestellt. Mit Salpeter und Schwefel vermischt, entstand nach sorgfältigem Mahlen und Trocknen ein explosives Schwarzpulvergemisch, weshalb die Fabrikation in den Städten verboten war.

Transportiert werden durfte das Pulver meist nur nachts, unter Umfahrung der Städte, um Verkehr und Anwohner nicht zu gefährden. Pulver aus dem Bergischen wurde bis nach Ostpreußen geliefert; die Pulverstraße, an der der Gedenkstein liegt, führte aber nur bis ins Ruhrgebiet. Ein typischer Pulverwagen besaß ein halbrundes Blechdach und hinten ein Schild mit weißem P auf schwarzem Grund, das Zeichen für die gefährliche Ladung. So könnte auch Johannes unterwegs gewesen sein. Auf der Bank neben dem Gedenkstein sitzend, kann man sich das gut vorstellen: Zwar wird in der Region schon lange kein Pulver mehr hergestellt, doch der weite Blick über Hügel, Weiden und Gehöfte scheint seit 300 Jahren unverändert zu sein.

AO · 1719 DEM 8 SEP
IST JOHANES VONDER
HOFEN ALLHIER ERBE
RMELICH ZV DOH
KOMEN

Adresse Erlen, Nähe 58553 Halver-Anschlag | **Anfahrt** von der L 284 (Halver-Wipper-
fürth) nach Anschlag abbiegen, dort links auf die Straße Erlen, Richtung Kreuzberg; in der
Senke am links gelegenen Hof parken, rechts am Hof vorbei den Feldweg bergan, kurz
darauf biegt der Weg nach rechts, direkt zum Gedenkstein, der auf dem mit H bezeichneten
Rundwanderweg liegt. | **Tipp** Wer mehr über die Pulvermühlen der Region erfahren möchte,
besuche das kleine Pulvermuseum in Wipperfürth-Ohl, Infos: www.hausdergeschichten.de.

34 Das Waldfreibad Herpine
Schwimmen, Trimmen und Nostalgie im waldreichen Hälvertal

Wer in Halver die steile Straße tief hinunter ins Hälvertal nimmt, sieht alsbald etwas durch die Bäume schimmern: die einladende Wasserfläche des Waldfreibades Herpine. Der Name kommt von einem Quellbach des Flusses Hälver, der das Freibad speist. Die Hälver gab wiederum der Stadt Halver ihren Namen.

Von 1931 bis 1933 wurde das Bad von den Bürgern in Eigenregie gebaut. Seitdem hat es alle modernen Annehmlichkeiten hinzubekommen – Wasserrutsche, Wasserspielgarten, moderne Sanitäranlagen, Strandkörbe … –, doch vieles ist wie in der alten Zeit geblieben: Obwohl oft sogar Gäste aus dem Ruhrgebiet kommen, kann man im 6.000 Quadratmeter großen Riesenbecken ruhig und einsam seine Runden ziehen. Das smaragdgrüne Wasser ist angenehm kühl und weich, denn es wird nicht beheizt, und Chlor wird nur sparsam verwendet. Vom Ufer grüßt das weiße Gebäude des Restaurants, das noch genauso aussieht wie vor 75 Jahren. Die Baumwipfel rauschen, und von der Tennisanlage hört man das Ploppen der Bälle.

Auch nebenan im Wald künden nostalgische Überbleibsel von einer anderen Zeit: Früher gab es hier einen der in den 1970er Jahren so beliebten Trimm-dich-Pfade – auf Schildern leitete ein Männchen im Turndress den Trimmenden zu Übungen an. Reckstangen und Barren sind längst verschwunden; nur ein paar Holzstufen sind noch da – und ein malerisch abblätterndes, türkisfarbenes Kneippbecken. Doch es gibt Pläne, den Sportpfad in veränderter Form wieder aufzubauen. Schon heute kann man hier aber klettern: im neu errichteten Hochseilgarten. Der Fichten- und Laubwald ist ideal für die Plattformen und Seilbahnen, die es dem Besucher – natürlich unter kundiger Anleitung – möglich machen, in bis zu zwölf Meter Höhe in den Bäumen zu schweben. Wer »nur« wandern möchte, findet hier ein artenreiches Feuchtgebiet mit einem Teich, auf dem heute die Nachfahren der Schwäne »Halvara« und »Halwinchen« schwimmen.

Adresse Herpiner Weg 19, 58553 Halver | **ÖPNV** Lüdenscheid, Brügge; Bus 134, Halte-stelle Halver ZOB, 1,5 Kilometer Fußweg | **Anfahrt** über L 528 oder B 229 nach Halver, dort in die Straße Zum Hälversprung abbiegen, links in Herpiner Weg | **Öffnungszeiten** Herpine Mai–Sept. Mo–Fr 10–20 Uhr, Sa, So 9–20 Uhr, in den Ferien täglich 9–20 Uhr, Infos: www.herpine.de; Infos Hochseilgarten: www.kalisho-natursport.de | **Tipp** Oberhalb des Hälvertals, an der Abzweigung der Landstraße nach Oberbrügge, liegt die Sterngolf-anlage der Stadt mit 18 trickreichen Bahnen – am Schluss eine sternförmige, daher der Name. Infos: www.halver.de/_freizeit/freizeittipps/sterngolf.php.

35_ Das Felsenmeer

Düster-geheimnisvolle Spielwiese von
Riesen und Zwergen

Felsenmeer: ein passender Name für das Areal voller wuchtiger Gesteinsformationen, überwachsen von großen, uralten Buchen. Entstanden ist es – wie auch die Höhlen und Felsen des nahen Hönnetals (siehe Seite 34 und 80) – aus Verkarstungen in der Urzeit, die durch die Eiszeiten konserviert wurden; außerdem hat man hier schon seit dem 9. Jahrhundert Eisenerz abgebaut.

Das 600 Meter lange und 200 Meter breite Gebiet steht seit 1968 unter Naturschutz und umfasst das »Paradies«, das Große und das Kleine Felsenmeer. Bis 1988 durfte man zwischen den hohen, teils scharfkantigen Felsblöcken herumlaufen, doch erwiesen sich verborgene Felsspalten und -schächte als zu gefährlich. Seitdem betrachtet man die Felslandschaft von einem Panoramarundweg aus – oder aus 20 Metern Höhe von den neu geschaffenen, barrierefreien Aussichtsbalkonen und -brücken aus Holz, auf denen man sich fühlt, als hinge man frei schwebend zwischen den Felsen. In den zahlreichen Felsspalten gedeihen seltene Moose und Farne; auch die Fledermäuse kommen gern. Das Felsenmeer ist übrigens eines von 77 »nationalen Geotopen«, besonderen Gesteinsbildungen, zu denen zum Beispiel auch die Externsteine oder Helgoland zählen.

Einer Sage nach entstand das Felsenmeer, als die hier ansässigen Zwerge gegen Riesen kämpften, die ihnen das vor Ort gefundene Gold und Silber wegnehmen wollten. Dabei stürzte durch einen Zauberspruch des Zwergenkönigs Alberich die Decke einer großen Felsenhalle auf die Riesen. Im »Paradies« ist auf einer Felsplatte noch das vermeintliche Bild eines Riesen zu sehen.

Für Interessierte gibt es Führungen; in der Nähe ist das Felsenmeermuseum, das die Erdgeschichte der Region und ihre industrielle Entwicklung veranschaulicht. Direkt nebenan liegt außerdem die Heinrichshöhle, eine begehbare Tropfsteinhöhle mit Infozentrum, wo unter anderem das Skelett eines Höhlenbären zu besichtigen ist.

Adresse zwischen Sundwig und Deilinghofen an der Hönnetalstraße/Felsenmeerstraße; Felsenmeermuseum: Hönnetalstraße 21, 58675 Hemer | **ÖPNV** Iserlohn, Menden oder Altena Bahnhof, Bus bis Hemer ZOB, dann Bus 2, Haltestelle Sundwig Meise | **Anfahrt** A 46, Abfahrt Hemer, B 7, dort der Beschilderung »Felsenmeer« folgen, auf dem Parkplatz P1 parken, von dort 8 Minuten Fußweg zum Felsenmeer; 3 Minuten zur Höhle. Zugang auch vom »Park der Sinne« des Sauerlandparks aus | **Öffnungszeiten** Felsenmeer: ganzjährig; Felsenmeermuseum: Di–Fr 15–17 Uhr; Di, Fr, So 11–13 Uhr, Infos: www.felsenmeer-museum.de; Höhle: März–Nov. täglich 10–18 Uhr; Nov.–März nur So 12–16.45 Uhr, Infos: www.hiz-hemer.de | **Tipp** Direkt ans Felsenmeer angrenzend wurde zur Landesgartenschau 2010 der Sauerlandpark mit dem markanten, 23 Meter hohen Jübergturm eröffnet, Infos: www.hemer.de/sauerlandpark.

36__Die Felsglotze

Die beste Aussicht auf sieben etwas spröde Damen

Die eigentliche Attraktion an dieser Stelle des Hönnetals, in der Nähe der Feldhofhöhle (siehe Seite 34), ist die Felsformation »Sieben Jungfrauen«. Damit man sie aber in Ruhe von der anderen Straßenseite aus betrachten kann, wurde 2010 die sogenannte Felsglotze aufgestellt: ein Holzkasten im Breitbildformat, der den Blick des Wanderers auf die markanten Kalksteinfelsen lenkt. Eine Ruhebank, eine malerische Bruchsteinbrücke und verschiedene Infotafeln machen die Stelle zum willkommenen Verweilort abseits der Straße, die im engen Tal sonst nur wenige Abzweigungen bietet.

Eine Tafel informiert über die geologische Entstehung der Felsen aus einem Urmeer zwischen zwei Landmassen. Eine weitere Tafel hat eine andere Geschichte parat: Demnach begehrten sieben Töchter eines Ritters den hiesigen Burgherrn Ullrich, der aber schon eine andere Braut hatte. Eine alte Köhlerin gab ihnen Tipps, wie Ullrich zu umgarnen sei, aber die fruchteten nicht. Schließlich mischte sie ein graues Pulver an, das die Mädchen größer und üppiger machen sollte. Sie durften aber nicht mehr als eine Messerspitze täglich davon essen. Natürlich aßen sie mehr, und als sie sich eines Tages in der Hönne spiegelten, schwollen sie plötzlich zu enormer Größe an und stehen nun als starre Felsen dort.

Der Kalkstein wurde hier seit Ende des 19. Jahrhunderts industriell abgebaut. Wäre nicht 1920 das ganze Tal unter Schutz gestellt worden, gäbe es die Sieben Jungfrauen heute nicht mehr. Die Abbaufirma erhielt damals zum Tausch ein Steinbruchgebiet in der Nähe (siehe Seite 36). An diese frühe Umweltschutzmaßnahme erinnert eine Bronzetafel mit einem etwas pathetischen Gedicht:

In der bittersten Zeit gab freudig das Volk der Westfalen
für die Schönheit des Tals reich von kargem Besitz,
rettete stolz die uralten, die hochaufragenden Felsen:
Seiner Heimat zum Schutz, selbst sich zum dauernden Ruhm.
1919/1920

Adresse Hönnetal, bei Klusenstein; Abzweig zur Felsglotze in einer Kurve kurz hinter der Burg | **ÖPNV** Die Hönnetalbahn verkehrt stündlich zwischen Unna und Neuenrade und hält in Binolen | **Anfahrt** A 46, Abfahrt Hemer, rechts auf L 683, links auf L 682 bis zum Ende, rechts auf die B 515 | **Tipp** In der Nähe thront auf einem 60 Meter hohen Felsen die Burg Klusenstein, 1353 für Graf Engelbert III. von der Mark als Grenzbastion zwischen den Grafschaften Mark und Arnsberg erbaut. Sie ist von hinten über die Felder erreichbar, jedoch nicht zu besichtigen, da bewohnt.

37__Die Bergbausiedlung Altenberg

Von der Sage zum Bodendenkmal

Eine Sage berichtet, dass auf dem Höhenrücken des Altenbergs vor langer Zeit eine Stadt gelegen habe, die besonders reich und schön gewesen sei. Ihre Bewohner galten dagegen als sehr hartherzig – allen Warnungen zum Trotz. Und so zerstörte ein Feuer ihre schöne Stadt.

Dies erzählte man sich rund um den »Almerich«, wie die Passhöhe mundartlich genannt wird, Belege gab es nicht … bis im Herbst 1963 der Müsener Hubert Cadel erste Spuren einer verschwundenen Siedlung fand. Folgende Grabungen beförderten verblüffende Parallelen zwischen Sage und Forschungsergebnissen zutage. Tatsächlich hatte hier bereits im 13. Jahrhundert eine Siedlung bestanden, in der Erzbergbau und Erzverhüttung betrieben wurden.

Und die Erkenntnisse wurden faszinierender, je mehr von der alten Siedlung freigelegt wurde: Noch ohne neuzeitliche Technik hatten die Bergleute Schächte zum Abbau von Silbererz in den Berg getrieben. Und anhand der ergrabenen Kellergrundrisse, Schächte, Pingenzüge, Berghalden und Stollensysteme konnte erstmals gezeigt werden, wie mittelalterliche Berg- und Hüttenleute gelebt hatten. An zentraler Stelle wurde ein festes Haus nachgewiesen, vermutlich der Sitz des Bergmeisters. Dieser überwachte den Betrieb der Gruben und die Entrichtung der Abgaben an den Landesherrn. Das Haus befand sich gleich neben einem Turm, und in Anlehnung an diesen wurde auf den Mauerresten 1975 ein Aussichtsturm errichtet, der zur regionalen Landmarke avancierte. Aus Sicherheitsgründen musste er abgebaut werden, Spenden sollen einen Neubau finanzieren.

Erhalten geblieben ist dem Bodendenkmal Altenberg ein interessanter Lehrpfad mit Stationen in den Pingenfeldern beiderseits der Straße. Dieser Pfad dokumentiert einen wichtigen Wirtschaftszweig in der Geschichte des Menschen: den mittelalterlichen und frühneuzeitlichen Bergbau.

Adresse Littfelder Straße, 57271 Hilchenbach-Müsen (auf dem Altenberg Richtung Kreuztal) | **Anfahrt** aus Hilchenbach über die B 508 rechts in Hauptstraße abbiegen, geradeaus bis Littfelder Straße auf den Altenberg | **Öffnungszeiten** Zufahrt nur bei Schnee gesperrt | **Tipp** Ein Teil der Funde ist im Besucherbergwerk und Museum des Altenberg und Stahlberg e.V. zu sehen, Auf der Stollenhalde 4, Infos: www.stahlbergmuseum.de. Der Großteil befindet sich im Bergbaumuseum Bochum.

38__ Die Breitenbachtalsperre

Siegerländer Trinkwasserspaß

Steht der Besucher am Rand der Breitenbachtalsperre und schaut über die 57,7 Hektar große Wasseroberfläche des Stausees, ist es nur schwer vorstellbar, dass die Region Siegerland-Wittgenstein an Wassermangel leidet. Und doch ist genau dies der Grund für den Bau von Talsperren im Siegerland.

Bereits die ersten kleinbäuerlich strukturierten Siedler um 7.000 v. Chr. hatten mit Wassermangel zu kämpfen, denn aufgrund der geologischen Bodenbeschaffenheit hält sich hier nur wenig Grundwasser. Man ist also auf die Nutzung von Oberflächenwasser angewiesen, und das ist Regenwasser. In regenarmen Sommern kam es bis in die 1950er Jahre zu Typhusepidemien, wenn das Wasser der Hausbrunnen oder privaten Wasserspeicher verschmutzt war. Erschwerend kamen die zunehmende Bevölkerungsdichte und der ansteigende Wasserbedarf der Industrie hinzu.

1953 gründete sich deshalb der »Wasserverband Siegen-Wittgenstein«, und die erste Ausbaustufe der Breitenbachtalsperre begann. Der Ort schien geeignet, denn es mussten nur ein Anwesen abgerissen und Bäume und Sträucher gefällt werden. Die oberen Bodenschichten bestehen hier meist aus tonigem Material, sodass das Becken ausreichend dicht ist. Mit Zementinjektionen wurde der Untergrund 25 Meter tief abgedichtet. 1956 begann die Trinkwasseraufbereitung. Der Bewährungsprobe im extrem trockenen Sommer 1959 hielt die Talsperre zunächst stand, allerdings wurde deutlich, dass die Leistungsfähigkeit früher als geplant erhöht werden musste. Neue Beileitungsstollen aus Nebentälern vergrößerten das Niederschlagsgebiet, die Obernautalsperre wurde gebaut.

Anlässlich des 50-jährigen Jubiläums der Breitenbachtalsperre wurde 2003 ein Lehrpfad rund um Bau und Wasser eröffnet. Die fünf Tafeln stehen entlang des 5,5 Kilometer langen Rundwanderweges, der sowohl zum Inlineskaten oder Fahrradfahren als auch zum Spazierengehen einlädt.

Adresse Damm beim »Alten Wärterhaus«, Talsperrenstraße 46, 57271 Hilchenbach-Altenbach | **ÖPNV** Bürgerbus Route 1.5, 2.3, Haltestelle Talsperre/Damm/Café | **Anfahrt** A 45, beim Kreuz Olpe auf A 4 Richtung Krombach, weiter auf B 54, Ausfahrt Kreuztal, auf B 508 halten bis Allenbach, links ab auf Talsperrenstraße, weiter auf Gartenstraße, links auf Buchenhain, 2. links auf Talsperrenstraße | **Tipp** Das Café-Restaurant »Altes Wärterhaus« lädt zur Einkehr ein, im Sommer ist die Terrasse geöffnet, im Winter gibt es Aktionen wie Fackelwanderungen um die Talsperre, Infos: www.altes-waerterhaus.de.

39__Der Windwanderweg

Auf Tuchfühlung mit sehr, sehr großen Windrädern

Was ist denn ein Windwanderweg?, fragt man sich. Ist es dort besonders windig? Vielleicht auch das. Doch vor allem führt der Windwanderweg in Hilchenbach die Wanderer in nächster Nähe an fünf riesigen Windrädern vorbei – und erklärt nebenbei auch noch die Windenergie. 2009 eröffnet, ist dieser Weg einer der interessantesten unter den vielen neuen Themenwanderwegen Südwestfalens.

Der 4,5 Kilometer lange Rundkurs liegt auf einem bewaldeten Bergrücken im Rothaargebirge, mit schöner Aussicht ins Tal. Schon von Weitem erspäht man die Windkraftanlagen, wie sie da gestaffelt auf dem Berg stehen. Je näher man kommt, desto höher wachsen sie in den Himmel. Sie zählen zu den höheren Windrädern in Deutschland: Ihre Nabenhöhe (also dort, wo der Rotor angebracht ist) beträgt 138,30 Meter; die absolute Höhe an der Spitze des oben stehenden Rotorblattes 180 Meter – also um einiges höher als der Kölner Dom mit 157 Metern (das höchste Windrad Deutschlands ist 205 Meter hoch; die meisten sind aber deutlich niedriger). Die enorme Höhe ist wegen des waldigen Gebietes nötig, aus dem die Räder emporragen – und natürlich ist auch nicht zu verachten, dass so große Räder viel mehr Strom liefern.

Schließlich stehen sie hier nicht zum Spaß: Bürger der Stadt haben die Anlage als Bürgerwindpark mitgeplant und sind auch Anteilseigner. Seit 2008 werden hier jährlich circa 23,5 Millionen Kilowattstunden umweltfreundlicher Strom produziert – mehr, als die 16.000 Einwohner verbrauchen. Gemeinschaftsbesitz hat hier übrigens eine lange Tradition: Der umliegende Wald gehört der größten Waldgenossenschaft Nordrhein-Westfalens.

Über die Geschichte dieses Erfolgsprojektes und die spannende Technik informieren die einzelnen Stationen. An der ersten Anlage ist aus Stahlrohr der Umriss eines liegenden Rotors aufgebaut – wer ihn umrundet, merkt am eigenen Leibe, wie groß so ein Rotorblatt ist: 38 Meter lang (und acht Tonnen schwer).

Adresse Wilhelm-Münker-Straße, 57271 Hilchenbach | **Anfahrt** A 4/B 54, auf B 508, links auf L 728, im Ortskern links auf Ferndorfstraße, dann 1. links (Wilhelm-Münker-Straße), 3 Kilometer in den Wald fahren (am Hotel »Sonnenhang« vorbei); auf dem Wanderparkplatz parken | **Tipp** Direkt am Bahnhof liegt der zu einem Restaurant umgebaute Eisenbahnwaggon »Gleis 9 ¾« mit nettem Biergarten und Outdoorgrill, täglich 11–24 Uhr geöffnet.

40___ Die Dechenhöhle

Tropfstein-Tourismus seit 1869

Warum sind Tropfsteinhöhlen bloß so faszinierend? Ist es der Grusel, tief in der Erde, im Dunkeln zu sein? Sind es die Gesteinsformationen, an denen man die Schönheit der Geologie entdeckt? Ist es das Heraufbeschwören einer Zeit lange vor unserer?

Die Dechenhöhle – größte und beliebteste Tropfsteinhöhle der Gegend – ist ideal, um diesen Fragen nachzugehen. Auf einem 400 Meter langen Weg durch die Höhle gibt es die unterschiedlichsten Steinformationen zu sehen – Tropfsteinkaskaden in Form einer Orgel, Tunnel, Grotten und große Hallen, einen »Nixenteich«, riesige Stalagmiten wie die 2,80 Meter hohe »Palmensäule«, viele Fossilien, Kristalle und durch Mineralien entstandene Farben. Wie die anderen Höhlen der Gegend (siehe Seite 34) ist auch die Dechenhöhle ursprünglich aus dem reinen Kalkstein des Mitteldevon entstanden. Die ältesten Tropfsteine sind 500.000 Jahre alt und wachsen ununterbrochen weiter. Auch die Erforschung der Höhle dauert an; es werden immer noch neue Höhlengänge entdeckt, die zeigen, dass die Dechenhöhle bloß ein kleiner Teil eines 20 Kilometer langen Höhlensystems ist.

Das angeschlossene Höhlenmuseum zeigt ergänzend spannende Exponate nicht nur aus der Dechenhöhle (Eiszeittiere, Tropfsteine, ein 212.000 Jahre altes Höhlenbären-Babyskelett), sondern aus der ganzen Welt, von Felsmalereien über Sagen und Märchen bis zu Höhlenrekorden (bisher ist das längste Höhlensystem 580 Kilometer lang). Nicht minder interessant ist der frühe Höhlentourismus: Die Dechenhöhle (benannt nach dem Geologen Heinrich von Dechen) wurde 1868 von zwei Bahnarbeitern entdeckt, denen der Hammer in einen Felsspalt gefallen war. Fast sofort witterte man ein gutes Tourismusgeschäft und baute die Höhle zur Schauhöhle aus – ab 1890 sogar mit elektrischer Beleuchtung. Um 1900 besichtigten jährlich 45.000 Menschen die Höhle. Zahlreiche nostalgische Höhlen-Ansichtskarten sind Andenken an diese Zeit.

Adresse Dechenhöhle 5, 58644 Iserlohn-Untergrüne | **ÖPNV** eigene Bahnstation Letmathe-Dechenhöhle an der Strecke Letmathe–Iserlohn, oder Bus 1, Haltestelle Dechenhöhle | **Anfahrt** A 46, Abfahrt Iserlohn-Oestrich, ab dort ausgeschildert | **Öffnungszeiten** Dez.–Feb. Sa, So 10–16 Uhr, in den Ferien täglich 10–16 Uhr; März, Nov. täglich 10–16 Uhr; April–Okt. täglich 10–17 Uhr; feste Führungszeiten, Infos: www.dechenhoehle.de | **Tipp** Wer mehr über die Urzeit in der Gegend wissen möchte, fahre nach Hagen ins Museum für Ur- und Frühgeschichte im romantischen Wasserschloss Werdringen, Infos: www.historisches-centrum.de.

41___Das Floriansdorf

Das Spiel mit dem Feuer

»Messer, Schere, Feuer, Licht ist für kleine Kinder nicht«, so spricht der Volksmund. Im Floriansdorf der Feuerwehr Iserlohn ist das anders, hier dürfen Kinder der Faszination nachgehen, die von den verbotenen Dingen ausgeht. Denn das ist die Grundidee des Zentrums für Sicherheitserziehung und Aufklärung: Anziehend ist, was verboten ist, und deshalb probieren Kinder es im Verborgenen aus. Auf diese Weise verursachen sie ein Drittel der Haus- und Wohnungsbrände, eben weil sie die Gefahr unterschätzen. Viele Kinder haben lebenslang unter den Narben zu leiden – wenn sie ihr Spiel mit dem Feuer überhaupt überleben.

Im Floriansdorf setzt man deshalb seit 2000 auf betreutes Zündeln. In einer enormen Eigenleistung und mit Sponsorenhilfe entstand auf dem Gelände der Feuerwehr ein 5.000 Quadratmeter großes Übungsdorf mit 16 kindgerechten Häusern samt Außengelände. Kinder sind hier die Akteure: Sie dürfen Kerzen anzünden und auf einer offenen Feuerstelle kochen und backen. Spielerisch lernen sie den richtigen Umgang mit Feuer und das Verhalten bei Gefahr: Wenn's brenzlig wird, rufen sie die Feuerwehr, die kleine Feuerwehrautos mit Feuerwehrkindern rausschickt. Im Radio berichten Kindermoderatoren live von dem Unglück, und das Krankenhaus schickt Helfer.

Das »Gefahren haus!« macht auf Gefahren zu Hause aufmerksam: das wacklige Regal, offene Kabel, Wasserlachen auf Fliesenböden oder den Stuhl vorm offenen Fenster. Es lehrt Kinder, mit der Gefahr umzugehen und Erste Hilfe zu leisten. Das sogenannte Sinnsorium sorgt für Sicherheit im Umgang mit Körper und Sinnen – und vermeidet damit Leicht*sinn*.

Das Floriansdorf ist eine tolle Sache und nur möglich durch die enge Zusammenarbeit von Pädagogen, Sozialarbeitern, Eltern, Feuerwehr, Polizei und Hilfsorganisationen. Nicht umsonst war es 2009 ein ausgewählter Ort der Initiative »Deutschland. Land der Ideen«.

floriansdorf
Zentrum für Sicherheitserziehung und Aufklärung

Adresse Dortmunder Straße 112, 58638 Iserlohn | **ÖPNV** ab Stadtbahnhof Bus 12, 14, Haltestelle Almeloer Straße, Bus 13, Haltestelle Lilienthalstraße | **Anfahrt** A 46 aus Hagen Richtung Hemer, Abfahrt Iserlohn Zentrum, rechts auf Dortmunder Straße, 1. links auf Almeloer Straße, nächste links auf Albecke | **Öffnungszeiten** Infos zu Veranstaltungen: Tel. 02371/786884, www.floriansdorf.de | **Tipp** Auch im Babywald nahe dem Forsthaus Löhen (Löhenweg 1) stehen Kinder im Mittelpunkt. Hier kann nach der Geburt eines Babys ein Baum gepflanzt werden, Infos: Iserlohner Kreisanzeiger und Zeitung, Tel. 02371/8220.

42 Die Iserlohn Roosters

Wenn Hähne Eishockey spielen

Das Sauerland ist eine große Eishockeyfamilie mit Tradition: Schon früh in der Geschichte der Bundesrepublik gab es hier einen Eishockeyclub, den Vorläufer der Iserlohn Roosters. Dessen Geschichte begann allerdings im Nachbarort Hemer, wo 1959 im Stadtteil Deilinghofen der gleichnamige EC Deilinghofen gegründet wurde. Hier nämlich waren seit dem Ende des Koreakrieges 1953 kanadische Truppen stationiert, die sich bereits 1954 eine Eishalle errichteten, denn Eishockey ist in Kanada Nationalsport.

Davon inspiriert, wagten sich auch die Deutschen aufs Eis, und von der Gründung des Vereins bis zur deutschen Vizemeisterschaft in der zweiten Saison 1960/61 dauerte es nicht lang. Über den Erfolg der deutschen »Kanadier aus dem Sauerland« schrieb sogar die »Welt«.

Die folgenden Jahre brachten diverse Neugründungen und Umbenennungen, bis 1994 der Iserlohner EC entstand. Mit dem Eintritt in die Deutsche Eishockey Liga (DEL) im Jahr 2000 wurde die Profimannschaft Iserlohn Roosters als GmbH ausgelagert; was blieb, ist der enge Kontakt zwischen Spielern und Fans. Da werden Sonderzüge zu den Auswärtsspielen organisiert, in denen Team und Fans gemeinsam fahren, nach den Spielen finden After Game Talks und After Game Partys mit den Spielern statt, die die Nähe zwischen Fans und Team verstärken sollen, und Saisonanfang und -ende werden gebührend gefeiert.

Im Stadion fühlen sich die Fans zu Hause – viele sind hier quasi groß geworden. Hier hat man Freunde, mit denen man gemeinsam feiert, trinkt, sich freut, auch leidet und die Roosters zwar nicht durch Krähen, aber mit eigenen Fansongs anfeuert – Rooster ist nämlich das englische Wort für Hahn. Eine Sache gibt es aber doch, die sich die Fans in der Fan-Zone im Internet wünschen: mehr Werbung, damit die Roosters ihren Hahnenkampf nicht nur zum Saisonfinale vor ausverkauftem Stadion austragen.

Adresse Seeuferstraße 25, 58636 Iserlohn | **ÖPNV** ab Stadtbahnhof Bus 13, Haltestelle Seilerseebad | **Anfahrt** A 45, Autobahnkreuz Hagen auf A 46 Richtung Iserlohn, Abfahrt Iserlohn-Seilersee, rechts ab, 2. Ampel links | **Öffnungszeiten** Fanshop & Geschäftsstelle: Di–Fr 9–16 Uhr, Mo nur vor Dienstags-Heimspielen; an Heimspieltagen ab 2 Stunden vor Spielbeginn, Infos: www.iserlohn-roosters.de | **Tipp** Wenn Sie abends noch nichts vorhaben, besuchen Sie Deutschlands ältesten Jazzclub, den »Henkelmann«, Obere Mühle 46–50, Iserlohn, Infos: www.jazzclub-henkelmann.de.

43 _ Die Sonnenuhr
Die Optimistin unter den Zeitmessern

Sie ist wieder da, die Sonnenuhr am Seilersee. Einst als Geschenk der Kreishandwerkerschaft des Märkischen Kreises am See aufgestellt, wurde sie während der Bauarbeiten für das 1999 eröffnete Seilersee-bad eingelagert. Fast geriet sie in Vergessenheit, bis sie im Juni 2008 einen neuen Standort am Rundweg fand – mit frisch gestrichenen Zahlen sowie gereinigtem Zifferblatt und Schattenstab.

Dieser Schattenstab, in Fachkreisen auch Gnomon genannt, wirft bei Sonnenschein einen Schatten auf das Zifferblatt. Kenner können so die Uhrzeit ablesen, denn für eine genaue Zeitansage per Son-nenuhr ist einiges zu beachten: Wenn Sie sich nicht gerade in Gör-litz befinden – und der Seilersee ist ja nun einiges von der östlichs-ten Stadt Deutschlands entfernt –, müssen Sie zur angezeigten Zeit vier Minuten pro Längengrad addieren oder subtrahieren. Denn: In Deutschland ticken die Uhren nach der Mitteleuropäischen Zeit (MEZ). Diese bemisst sich nach dem Normalmeridian (15 Grad öst-liche Länge), und der liegt bei Görlitz.

Steht die Sonnenuhr weiter östlich des Normalmeridians, wer-den vier Minuten pro Längengrad abgerechnet (denn hier scheint die Sonne früher); steht sie westlich, kommen vier Minuten pro Längen-grad hinzu. Der Längengrad von Iserlohn liegt etwa 7,4 Grad west-lich des Normalmeridians, weshalb am Seilersee – das ist nun klar – 29,6 Minuten zur angezeigten Zeit addiert werden.

Und das war noch nicht alles, denn je nach Jahreszeit weicht die angezeigte Zeit um bis zu 15 Minuten ab, was mit dem Zweiten Kepler'schen Gesetz zusammenhängt, aber das ist eine lange Ge-schichte.

Und als wäre das noch nicht genug, müssen Sie in der Sommer-zeit eine weitere Stunde hinzurechnen. Dass sie so schwer zu lesen ist, stört die Sonnenuhr nicht weiter. Sie bleibt optimistisch. Warum? Sie zählt halt die heitren Stunden nur, also machen auch Sie's wie die Sonnenuhr!

Adresse am Seilersee nahe der Orchideen-Skulptur in Höhe des Weges zur Bismarck-straße, 58636 Iserlohn | **ÖPNV** ab Stadtbahnhof Bus 13, Haltestelle Seilerseebad | **Anfahrt** A 45, Autobahnkreuz Hagen auf A 46 Richtung Iserlohn bis zum Ende, rechts auf Mendener Landstraße/L 743, rechts auf Bismarckstraße | **Tipp** Besuchen Sie das Seilerseebad, Seeuferstraße 26: befindet sich, Saunalandschaft und Solebad mit angenehmen Temperaturen sowohl drinnen als auch draußen, Infos: www.seilerseebad.de.

44_ Der Rhein-Weser-Turm

Wo die Bäche sich entscheiden müssen

Der Rhein-Weser-Turm heißt nicht so, weil man von hier aus Rhein und Weser sehen kann. Vielmehr verläuft hier, am 685 Meter hohen Westerberg auf dem Kamm des Rothaargebirges, die Wasserscheide zwischen Rhein und Weser: Alle Bächlein, die von hier aus nach Nordwesten fließen, erreichen über Lenne und Ruhr schließlich den Rhein. Alle, die nach Südosten fließen, landen über Röspe, Eder und Fulda in der Weser.

Auch sonst kreuzen sich hier viele Wege: Die Hauptstraße L 553 führt am Turm vorbei, ebenso der Rothaarsteig und die Hauptwanderwege X10 und X18, außerdem einige Langlaufloipen. Es begegnen sich Wintersportler, Nordic Walker und Wanderer, Ausflügler (der »Panorama-Park« ist direkt nebenan) sowie Rad- und Motorradfahrer, die die Kurvenstraße hinauf zum Turm lieben – sogar der Motorsportclub des Bundestages war schon hier.

Dann gilt es, die 113 Holzstufen des 24 Meter hohen Turms zu erklimmen und die unglaublich weite Aussicht zu genießen – über den lang gezogenen Bergrücken bis zu den fernen Höhenzügen, und alles voller Wald, Wald, Wald.

Bis zur Hohen Bracht kann man sehen und bis ins Siegerland, hinüber zum Kindelsbergturm (siehe Seite 102), besonders an klaren Wintertagen. Im Turmrestaurant ganz unten gibt es Deftiges, Kuchen und Waffeln, und im Mini-Hotel nebenan kann man gar übernachten.

Der achtstöckige Turm wurde 1932 durch eine Privatinitiative erbaut und inzwischen des Öfteren saniert – unter anderem war er im Krieg beschädigt worden. Er hat eine merkwürdige, sich nach oben hin verjüngende Form auf quadratischem Grundriss und besteht aus Holz, was man von außen nicht direkt sehen kann. An allen vier Ecken ist er zur Sicherung mit Drahtseilen abgespannt und wirkt kurioserweise aus jeder Perspektive so, als stünde er schief. Aber er hat bisher allen Stürmen getrotzt – sogar »Kyrill«.

Adresse Rhein-Weser-Turm 2, 57399 Kirchhundem | **ÖPNV** Lennestadt-Altenhundem Bahnhof, Bus R36 bis Oberhundem/Kirchhundem, von dort mit Anruf-Linien-Taxi zum Rhein-Weser-Turm | **Anfahrt** A 45, Abfahrt Olpe, Richtung Lennestadt, der Beschilderung zum Panoramapark folgen bis nach Oberhundem, von dort circa 15 Minuten über Serpentinen bis hinauf zum Turm direkt an der L 553 | **Öffnungszeiten** Sommer: 9 – 22 Uhr; Winter: nach Absprache; Info: www.rhein-weser-turm.de | **Tipp** Direkt am Turm gibt es eine Langlaufskischule mit Ski- und Schlittenverleih, etwas weiter unten einen Skilift. Am Turm starten verschiedene Loipen, darunter die 52 Kilometer lange Rothaar-Loipe, Infos: www.langlaufzentrum-rhein-weser-turm.de.

45_Das Schloss Adolphsburg

Leuchtend rot und fotogen

Schloss Adolphsburg ist ein schmuckes, barockes Wasserschloss in Oberhundem. Die auffällige rote Farbe hat es von seinem Baustoff, dem heimischen rötlichen Porphyr. Auf den Wassergräben gleiten Schwäne. Das Schloss ist nach Johann Adolph von Fürstenberg benannt, der es in den 1670er Jahren erbauen ließ. Damals war er westfälischer Erbdrost (eine Art Landrat) und wollte sich hier einen Alterssitz schaffen. Kaiser Leopold ermächtigte ihn dazu, das Schloss nach sich selbst zu benennen. Entworfen wurde es wohl vom Kapuzinerbruder Ambrosius von Oelde, einem berühmten westfälischen Architekten. Johann Adolph bewohnte das Schloss bis zu seinem Tod 1704.

Von 1758 bis in die 1780er Jahre lebte der Nachkomme Clemens Lothar von Fürstenberg hier. Er liebte das Studieren, vernachlässigte darüber aber Haus und Hof. Sein vierter Sohn, der 1766 auf Adolphsburg geborene Friedrich Leopold von Fürstenberg, erbte das Schloss und hatte seine liebe Not, »viel unredliches Gesinde« zu vertreiben, das sich dort breitgemacht hatte. Er brachte das vernachlässigte Schloss wieder in Ordnung und lebte dort von 1819 bis 1835. Danach wurde das Anwesen nur noch als Jagdschloss genutzt, denn die Fürstenbergs hatten jetzt einen neuen Stammsitz: Schloss Herdringen bei Arnsberg (siehe Seite 16). Dorthin wurden auch einige Kostbarkeiten aus der Adolphsburg gebracht. Das Schloss verfiel zusehends, besonders im 20. Jahrhundert, als es niemand mehr nutzte.

Erst in den 1980er Jahren wurde es restauriert und in Privatwohnungen umgewandelt, sodass man dort heute hübsche Sprossenfenster mit Blumenkästen vorfindet und leider nicht ins Schloss hineingehen kann – dort gäbe es noch einen Rittersaal zu bestaunen. Da aber mehrere Wohnungsbesitzer ihre Wohnungen als Feriendomizil anbieten, ist es zumindest möglich, Nächte in dem ehrwürdigen Gemäuer zu verbringen und den privaten Schlosspark zu nutzen.

Adresse Hauptstraße 1, 57399 Kirchhundem-Oberhundem | **ÖPNV** Lennestadt-Altenhundem oder Kirchhundem Bahnhof, Bus R93 nach Würdinghausen, dann R36 nach Oberhundem | **Anfahrt** A 4/A 45, Abfahrt Olpe, der Beschilderung nach Kirchhundem/Panoramapark folgen – so kommt man direkt am Schloss am Ortseingang von Oberhundem vorbei | **Öffnungszeiten** nur von außen und im Innenhof zu besichtigen | **Tipp** Teile der Ausstattung hat um 1680 eine Attendorner Werkstatt gefertigt. Einige davon (u.a. ein barocker Türrahmen) wurden beim Umbau ins sehenswerte Südsauerlandmuseum in Attendorn gebracht, Infos: www.suedsauerlandmuseum.de.

46 Die stillgelegte Bahnstrecke

Viadukt, Aquädukt und ein geheimnisvoller Tunnel

In Kirchhundem ist man von Schienen, Brücken und Bahnhöfen umgeben. Zum Teil liegen sie an der Ruhr-Sieg-Bahn, die auch heute noch in Betrieb ist, zum Teil auf einer stillgelegten, etwa 23 Kilometer langen Nebenstrecke zwischen Altenhundem und Birkelbach. Wer sich für Eisenbahngeschichte oder einfach für historische Überbleibsel interessiert, findet in der Umgebung noch so manch spannenden Rest der alten Bahnlinie.

So steht in Kirchhundem der Heitmickeviadukt, eine eindrucksvolle dreibogige Eisenbahnbrücke aus heimischem rotem Porphyr. Sie hat vier Kanzeln, die einen leichten Jugendstileinfluss verraten, wie er zur Zeit des Baus (1914) modern war. Schon 1944 schloss ein Teil der Strecke wieder (unter Sprengung einiger Brücken); der andere Teil schloss 1959 für den Personen-, 1980 für den Güterverkehr.

Im weiteren Verlauf der Strecke, im Wald bei Heinsberg, liegt der faszinierende noch erhaltene Aquädukt, der den Krenkelsbach über die ehemalige Bahnstrecke führt. Für 1913 war die Verwendung von Beton zum Bau einer Bogenbrücke sehr modern, und es ist ein erhebender – und wohl in Westfalen einmaliger – Anblick, wenn im Frühjahr das Schmelzwasser über die Betonbrücke rauscht.

Hier führt der Rothaarsteig vorbei, und so hat man einen Aussichtspunkt mit Aquädukt-Blick und einem Kupfermodell eingerichtet. Direkt unterhalb führte der Heinsberger Tunnel in den Berg, dessen Westportal heute – wie auch das Ostportal – zugemauert ist. Um den 1912 fertiggestellten, 1.303 Meter langen Tunnel ranken sich wilde Geschichten aus dem Zweiten Weltkrieg, als es angeblich an der Westseite ein Lager mit russischen Kriegsgefangenen gab, die im Tunnel deutsche Waffen herstellen sollten. Leider kann man dort drinnen nicht auf eigene Faust nach Beweisen suchen – aber die Überbleibsel der Bahnstrecke zu erkunden hat auch so seinen Reiz.

Adresse Heitmickeviadukt: Heitmicke, 57399 Kirchhundem; Aquädukt: östlich von Heinsberg und der L 713 an einem Zubringer des Rothaarsteigs (etwa bei Kilometer 90) | ÖPNV Kirchhundem Bahnhof, von dort circa 500 Meter zu Fuß (Viadukt) | Anfahrt A 4, Abfahrt Krombach, oder A 45, Abfahrt Olpe, auf B 54, später auf B 517, in Kirchhundem rechts auf L 553, 1. links auf Heitmicke (Viadukt) | Tipp Eine weitere stillgelegte Nebenstrecke liegt zwischen Plettenberg und Herscheid. Dort gibt es die Möglichkeit, ein Stück mit der Sauerländer Kleinbahn zu fahren, Infos: www.sauerlaender-kleinbahn.de.

47__Der Kindelsbergturm

Auf Millionen Bierflaschen abgebildet

Wer sich das Wappen der Biermarke Krombacher einmal genau anschaut, dem fällt plötzlich auf, dass dort ein Turm abgebildet ist – ein stilisierter, von zwei Tannen flankierter Turm, zu dem sich ein Weg hochschlängelt. Das ist der Kindelsbergturm auf dem gleichnamigen, 618 Meter hohen Berg, an dessen Fuß die Brauerei liegt – die mit dem Wappen ihre Heimatverbundenheit demonstriert.

Inzwischen hat sich der Turm ein wenig verändert, denn unter anderem muss er heute diverse Funkmasten tragen. Die Aussichtsplattform ist aber immer noch in 20 Metern Höhe, und der Turm sieht immer noch ein bisschen wie ein Leuchtturm aus. Nachdem man 123 Stufen erklommen hat, bietet sich eine großartige, manchmal bis zu 100 Kilometer weite Sicht auf alle umliegenden Gebirge, sogar bis zum Siebengebirge. Danach kann man sich in der Turmgaststätte einen brennenden »Turmgeist« genehmigen, ein deftiges Schinkenbrot oder ein Wildgericht und natürlich ein ganz bestimmtes Bier.

Um den Kindelsberg ranken sich viele Sagen. Auch die Gebrüder Grimm haben eine davon aufgeschrieben, in der ein schurkiger Ritter eine tugendhafte Jungfrau mittels einer List erobert. Weil sie ihn aber verschmäht, wird sie von ihm getötet. Schon im 19. Jahrhundert war der Berg daher ein beliebtes Wanderziel. 1878 pflanzten Patrioten auf dem höchsten Punkt die Kaiserlinde zu Ehren Kaiser Wilhelms I., der einem Attentat entgangen war. Noch heute steht sie dort. 1905 beschloss man, aus heimischen Bruchsteinen einen Aussichtsturm zu errichten, der 1907 feierlich eröffnet wurde. Die Kosten von 18.557,44 Reichsmark wurden durch Spenden aufgebracht. Seit 1953 gab es dort eine Schutzhütte; 1971 war das heutige Rasthaus fertig, das mit seinen rot-weißen Fensterläden an ein Hexenhaus erinnert. Zum 100-jährigen Bestehen wurde 2007 der Kindelsbergpfad eröffnet, ein 14,6 Kilometer langer Rundweg mit 24 Informationstafeln.

Adresse Kindelsberg 1, 57223 Kreuztal-Littfeld | **ÖPNV** Kreuztal-Littfeld Bahnhof, Fußweg | **Anfahrt** A 4, Abfahrt Krombach, auf L 54, dann auf L 517 nach Kreuztal-Littfeld, dort auf Grubenstraße und bis zum Ende zum Wanderparkplatz durchfahren, dann Fußweg | **Öffnungszeiten** Gaststätte Di–Sa 10–23 Uhr, So, feiertags 9–22 Uhr, www.kindelsberg.de | **Tipp** Vom Wanderparkplatz aus startet auch der zwei Kilometer lange Waldschadenspfad, der auf elf Informationstafeln über die Probleme des Waldes informiert.

48__Die Sauerland-Pyramiden am Siciliaschacht

Ein rätselhaftes Ensemble

Der unbedarfte Autofahrer staunt nicht schlecht, wenn sein Blick bei der Fahrt durch Lennestadt-Meggen auf Pyramiden neben einem Förderturm fällt. Nein, es handelt sich nicht um eine Sinnestäuschung, denn im Sauerland gibt es einen Hauch Ägypten gleich neben einheimischer Bergwerkstradition.

Die sieben Pyramiden im Park mit Teich und Brücken beherbergen einen heimischen Medizingerätehersteller, eine Akademie samt Heilpraktikerschule und den Galileo-Park. Letzterer ist der Grund für die sauerlanduntypische Bauform, denn der Themenpark nimmt Besucher mit auf eine interaktive Reise durch die Welt des Wissens und der Rätsel. Und welche Bauform passt besser ins Konzept als zeitlos schöne und mystisch-rätselhafte Pyramiden? In solch außergewöhnlichem Ambiente wirken das »Labyrinth des Unerklärlichen« und die »Zeitmaschine« gleich viel beeindruckender; auch das Lernen in der Science-Pyramide macht mehr Spaß. Die Show-Pyramide wartet dazu mit Wanderausstellungen und Kulturveranstaltungen auf.

Viel eher ins sauerländische Bild passt der unmittelbare Nachbar: das Bergbaumuseum Siciliaschacht, dessen Anfänge über 140 Jahre zurückliegen. Lange zählte das Bergwerk zu den großen Gruben der Welt. Doch 1992 kam das Aus, die Erträge waren unrentabel. Zuvor ging es jedoch im Siciliaschacht bis zu 567 Meter tief unter Tage. Täglich förderten die zwei Maschinen bis zu 5.000 Tonnen Erz und 1.000 Tonnen Berge im Schacht, dazu rund 400 Bergleute bei der »Seilfahrt«. Dieses und mehr erfährt der Besucher in der vollständig erhalten gebliebenen Schachtanlage »Sicilia«. Exponate und ein Film informieren über Abbauverfahren, Erzaufbereitung und Weiterverarbeitung. Und vor Ort im Stollen gibt es einen Einblick in die Arbeitswelt der Bergleute. Informationen im passenden Ambiente also – und damit schließt sich der Kreis zu den Sauerland-Pyramiden.

Adresse Sauerland-Pyramiden 4–7, Siciliastraße, 57368 Lennestadt-Meggen | **ÖPNV** Altenhundem ZOB, Bus R94, Haltestelle Meggen Vetter, 9 Minuten Fußweg | **Anfahrt** A 46, Abfahrt Olpe, auf B 55 Richtung Lennestadt, in Bilstein rechts auf Hohe-Bracht-Straße, in Altenhundem rechts auf B 236 Richtung Grevenbrück bis Meggen, Schildern »Sauerland-Pyramiden/GALILEO-PARK« folgen | **Öffnungszeiten** Galileo-Park: Di–So 10–17 Uhr, Infos: www.galileo-park.de; Bergbaumuseum Siciliaschacht: So 15–18 Uhr, Führungen nach Vereinbarung, Infos: Tel. 02721/81434, www.bergbaumuseum-siciliaschacht.de | **Tipp** Der Siciliaschacht ist Ausgangspunkt eines 4,3 Kilometer langen Wanderwegs mit 17 Info-stationen zur Meggener Bergbaugeschichte.

49__Das Brauhaus Schillerbad

Von der Badeanstalt zur Brauerei

Manch Lüdenscheider erinnert sich noch an Schwimmstunden im 1905 erbauten Schillerbad, einer typischen Volksbadeanstalt der Jahrhundertwende. Jüngere denken gern an die 1980er Jahre zurück, als das Schwimmbad zu einem selbst verwalteten Jugendzentrum wurde – auch das war typisch für die Zeit: Hier wurde hitzig debattiert, Graffiti wurden an die Wände gesprüht, und es gab viele Konzerte – 1987 traten zum Beispiel die »Ärzte« auf. Das alte Schwimmbad mit seiner gewölbten Decke war noch gut zu erkennen; als Zuschauer stand man quasi auf dem Boden des ehemaligen Beckens. An der Wand mahnte neben einer Uhr noch immer ein Spruch: REIN SEI DRAUSSEN / REIN SEI DRINN / REIN DIE REDE / REIN DER SINN.

Seit 1994 ist das Schillerbad nach aufwendigem Umbau ein Brauhaus mit angeschlossenem kleinem Hotel. Der Wandspruch ist verschwunden (dafür gibt es jetzt viele neue Sprüche), aber die Struktur des Schwimmbads ist immer noch erhalten. An die alten Zeiten erinnern die nostalgischen Schwimmbad-Dekorationen und das bunte Originalfenster mit einer Darstellung badender Menschen. Zwei fröhliche Badende kommen auch im Wappen des hauseigenen Bieres »Medardus-Bräu« vor, benannt nach dem Schutzpatron der Stadt Lüdenscheid, der, wie passend, auch Patron der Bierbrauer ist. Im Schillerbad kann man die Herstellung der leckeren, naturbelassenen Biere direkt mitverfolgen – bei Brauereiführungen. Und natürlich lässt sich das Bier in Flaschen mit nach Hause nehmen.

Das Brauhaus ist heute ein nicht wegzudenkender Treffpunkt. Bei Partys und anderen Events geht es hoch her. In der Halle mit der Mitteltheke und auf der Empore schmeckt das deftige Essen, und durch die Glasfront schaut man auf den großen Biergarten, wo im Sommer Grillabende stattfinden – wenn der berühmte Lüdenscheider Regen es erlaubt. Aber Medardus ist ja auch der Patron der Schirmemacher …

Adresse Jockuschstraße 3, 58511 Lüdenscheid | **ÖPNV** Regionalbus 37, 49, 52, 54, 55, 58, 59, 61, 87, Stadtbus 40, 41, 42, 43, 44, 46, 47, 48, 51, 53, 243, 245, 246, 252, 254, N4, N7, Bus 134, Schnellbus S1, S2, Haltestelle Sauerfeld ZOB | **Anfahrt** A 45, Abfahrt Lüdenscheid, rechts auf L 655 fahren, dann rechts auf die Werdohler Landstraße/L 691, durch den Oberstadttunnel und rechts auf Sauerfelder Straße/L 561, rechts auf Jockuschstraße, in Parkhäusern parken | **Öffnungszeiten** So–Do 11–24, Fr, Sa 11–1 Uhr, Infos: www.brauhaus-schillerbad.de | **Tipp** Das Brauhaus liegt fast direkt an der Lüdenscheider Fußgängerzone (sie war eine der ersten ihrer Art in Deutschland) mit vielen Boutiquen und Kaufhäusern und der Stern-Center-Einkaufspassage.

50_ Der Bremecker Hammer

Der letzte Zeuge des Eisengewerbes

Das Eisengewerbe im Märkischen Sauerland prägte eine ganze Region. Rein, hart und zäh, wie das hier gewonnene »Osemund« war, wurde es in den Handschmieden zu Dingen des täglichen Bedarfs wie Nägeln, Hufeisen, Äxten, Sensen und Ketten verarbeitet. Die Wasserkraft der vielen Bäche und Flüsse sorgte bereits seit dem 13. Jahrhundert für den Antrieb von Hammerwerk und Blasebalg.

Auch das Hammerwerk in der Idylle zwischen Bremecke und Verse war wasserbetrieben. Seine Geschichte reicht zurück bis 1753. In jenem Jahr wurde der Schwanzhammer eingerichtet, mit dessen Hilfe der Reidemeister die Eisenstangen für den Drahtzug zu langen, dünnen Stangen ausrecken konnte. Doch die beginnende Industrialisierung mit ihrem wachsenden Eisen- und Stahlbedarf erforderte im 19. Jahrhundert neue Techniken: Der Fallhammer konnte nun in kürzerer Zeit größere Eisenstücke weiterverarbeiten.

1862 übernahmen die Stahlwerke R. und H. Plate den Bremecker Hammer – für 110 Jahre. 1972 dann die Stilllegung – vorübergehend. Denn in Zusammenarbeit mit den Stahlwerken, dem Förderverein Bremecker Hammer und der Stadt Lüdenscheid wurde der Hammer als Außenstelle des Lüdenscheider Geschichtsmuseums zu einem eisengeschichtlichen Museum ausgebaut.

Seit 1980 veranschaulichen die Abteilungen Handschmiede, Schwanzhammer und Fallhammer die unterschiedlichen Hammertechniken bis zum 19. Jahrhundert, ergänzt um Schleiferei, Feilenhauerei und Wagenbau.

Unter dem Motto »Lebendiges Museum am Wochenende« wird die Handschmiede angeheizt; Kunstschlosser geben Einblick in historische Arbeitstechniken. Und zweimal im Jahr, während der Schmiedetage, fährt auch neues Leben in die Hämmer. Dann klingen die Anlagen, dröhnen die Turbinen und sprühen die Funken des Schmiedefeuers – und die Besucher erleben die Arbeit in einer Eisenschmiede hautnah.

Adresse Brüninghauser Straße 95, 58513 Lüdenscheid-Brüninghausen | **Anfahrt** A 45, Abfahrt Lüdenscheid-Süd, 200 Meter in Richtung Stadtmitte, dann Hinweisschildern folgen | **Öffnungszeiten** 1. Mai–15. Okt. Fr 14–17.30 Uhr, Sa, So und an Feiertagen 10–17.30 Uhr; der Eintritt ist frei; kostenpflichtige Führungen nach Anmeldung, Infos: Tel. 02351/171496, www.bremecker-hammer.de | **Tipp** Besuchen Sie die benachbarte Versetalsperre – Sie werden beeindruckt sein, zu welch großen Wassermassen sich das kleine Flüsschen Verse aufstauen lässt.

51_ Das Geschichtsmuseum der Stadt Lüdenscheid

Kulturgeschichte kurios: Knöpfe aus Lüdenscheid

Das Geschichtsmuseum macht im wahrsten Sinne des Wortes all das transparent, wofür Lüdenscheid berühmt ist: Seit 1988 residieren die Museen der Stadt in mehreren Häusern, die durch eine davorgehängte Glaswand miteinander verbunden sind. So sieht man schon von draußen, was alles im Museum wartet, zum Beispiel eine ganze Eisenbahn. Hier es ganz deutlich: Die Geschichte Lüdenscheids ist vor allem ein spannendes Stück Industrie- und Technikgeschichte.

Als im 19. Jahrhundert immer neue Zweige der Metall- und Kunststoffverarbeitung entstanden, war Lüdenscheid ganz vorn mit dabei. Die Stadt hatte sich besonders auf Knöpfe aller Art spezialisiert, die zwischen 1785 und 1945 reißenden Absatz fanden, denn in diesen kriegerischen Zeiten wurden vor allem Uniformknöpfe benötigt. Ihnen widmet das Museum eine eigene Abteilung: »Uniformknöpfe global«. Denn Armeen und Unternehmen aus aller Welt bestellten ihre Knöpfe in Lüdenscheid – meist Metallknöpfe mit aufgeprägten Hoheitszeichen: Anker, Wappen, Reichsadler, Firmenembleme. Noch 1955 war es eine wichtige Frage, welche Lüdenscheider Firma die Uniformknöpfe der jungen Bundesrepublik herstellen durfte.

Aber auch »zivile«, modische Knöpfe gingen von Lüdenscheid aus bis nach China: Hosenknöpfe, Blusenknöpfe; gegossen, graviert und lackiert; aus Metall, Blei, Perlmutt und Bakelit. Die Sammlung »Kulturgeschichte des Knopfes« zeigt Knöpfe von der Bronzezeit bis heute – faszinierend, wie man Kulturgeschichte an solch einem kleinen Ding festmachen kann.

Heute steht Lüdenscheid nicht mehr für Knöpfe, aber der Erfolg der Knopfindustrie wirkt bis in die heutige Zeit hinein: Viele ehemalige Knopffabriken fertigen heute moderne Metallerzeugnisse. Die Firma P. C. Turck gedenkt der alten Zeiten, indem sie neben Autoteilen auch noch Klips für Hosenträger herstellt.

Adresse Sauerfelder Straße 14–20, 58511 Lüdenscheid | **ÖPNV** Lüdenscheid Bahnhof, von dort Fußweg oder Buslinien 41, 42, 44, 51 und 54, Haltestellen ZOB am Sauerfeld oder Kulturhaus | **Anfahrt** A 45, Abfahrt Lüdenscheid oder Lüdenscheid-Süd, der Beschilderung »Stadtmitte«, dann der Beschilderung »Kulturhaus« folgen; das Museum ist ganz in der Nähe | **Öffnungszeiten** Di–So 11–18 Uhr, Infos: www.luedenscheid.de | **Tipp** Das zweite große Museum in Lüdenscheid ist die Phänomenta direkt am Bahnhof; erstes Science Center Nordrhein-Westfalens und mit über 120 Experimentierstationen nicht nur für Kinder interessant. Infos: http://phaenomenta.de/Luedenscheid.

52__Die »Herren im Bad«-Skulptur

Ein ganzes Forum für zwei Herren

Ein Bad in der Leere nehmen die Herren Müller-Lüdenscheidt und Dr. Klöbner, die Stars des Loriot-Sketches. Seit 2006 baden sie nun, in Bronze gegossen, im Forum, dem schwarzen Loch im Zentrum der Lichtstadt Lüdenscheid, das nicht nur wegen des großen Leerstands immer wieder für Negativschlagzeilen sorgt. Gestiftet hat die Skulptur der Lüdenscheider Architekt Jochen Dette, der sich um die Verschönerung ebenjenes Forums bemühte und damit gleichzeitig Loriot ein Denkmal setzte.

Indem dieser den badekappentragenden Leiter eines der bedeutendsten Unternehmen der Schwerindustrie und seines Zeichens Badeentchen-Gegner auf den Namen Müller-Lüdenscheidt taufte, machte er die südwestfälische Stadt bundesweit bekannt. Unverhoffter Taufpate wurde der Lüdenscheider Regisseur Hans Müller, der einst beim SWR mit Schauspieler Edgar Hoppe gedreht hatte. Da mehrere Müllers am Set waren, habe die Dame der Telefonzentrale den jeweils am Telefon Verlangten stets mit Wohnort ausgerufen: »Müller-Lüdenscheid – bitte melden!« Diese Anekdote kam Loriot bei einem gemeinsamen Projekt mit Hoppe zu Ohren, und den Klang der Kombination fand er besonders wohltuend (das angehängte »t« ändert daran nichts).

Die Wanne steht übrigens an einem symbolischen Ort, denn dort war einst ein Wellenbad. Eine Halveranerin erinnert sich: »Das war super. Wo jetzt alles überdacht ist, war ein beheiztes Außenbecken mit Aussicht auf die Straßenkreuzung.« Doch so wie die Schwimmbadquellen versiegt sind, schweigen sich die Quellen über die Zukunft des Forums aus. Es soll einen Investor geben, einen privaten, doch der pflegt anderswo seine Privatsphäre. Diese genießen derweil die Herren Müller-Lüdenscheidt und Dr. Klöbner – in welch anderer Passage lässt sich schließlich ungestört über Entchen rein oder raus streiten?

Adresse Forum am Sternplatz 2, 58507 Lüdenscheid | **ÖPNV** Regionalbus 37, 49, 52, 54, 55, 58, 59, 61, 87, Stadtbus 40, 41, 42, 43, 44, 46, 47, 48, 51, 53, 243, 245, 246, 252, 254, Haltestelle Sauerfeld ZOB | **Anfahrt** A 45, Ausfahrt Lüdenscheid-Süd Richtung Herscheider Landstraße/L 561, Schildern Richtung Zentrum zum Parkhaus Forum Sauerfelder Straße folgen | **Öffnungszeiten** täglich 6–24 Uhr | **Tipp** Wer nun selbst ein Bad nehmen möchte, kann dies im Lüdenscheider Familienbad Nattenberg tun, Infos: www.familienbad-nattenberg.de.

53__Die Schützenhalle

Wilhelminischer Prunkbau meets Deep Purple

Das Wilhelminische Zeitalter (1890–1918) war eine Zeit des Fortschritts und der Expansion – besonders auch in Lüdenscheid, das durch seine Industrie gut aufgestellt war. Da kam es den Lüdenscheidern auch gar nicht größenwahnsinnig vor, 1899 ihre alte Festhalle nicht etwa abzureißen, sondern direkt gegenüber eine großzügige neue zu bauen. Die Finanzierung – am Ende 308.000 Reichsmark – wurde von Industriellen und Bürgern durch Anteilsscheine gesichert. Zur Eröffnung 1900 gab es »Suppe mit Blumenkohl, Rindfleisch mit Beilage und Kalbsbraten mit Dickebohnen«; Chöre sangen, und eine Blaskapelle spielte.

Die »Neue Schützenhalle«, wie sie heute noch dort steht, ist ein typisch wilhelminischer Prunkbau, mit hohem Mittelschiff und niedrigeren Seitenschiffen einer Basilika nachempfunden. Auch die riesigen Säulen und bunten Glasfenster erinnern an eine Kirche; mindestens 1.400 Menschen passen hinein. Es wird behauptet, Vorbild sei das 1834 abgebrannte englische Oberhaus gewesen, das auf Bildern tatsächlich sehr ähnlich aussieht. Auffällig ist der große Eckturm mit der Jugendstilhaube. Das Gebäude steht auf einem Berg und ist noch immer von Weitem zu sehen. Man kann sich gut vorstellen, wie sich dort 1908 der »Jünglingsverein« traf oder Kinder in Matrosenanzügen auf dem Schützenplatz Schlittschuh liefen …

Die Halle wurde immer wieder umgebaut und repariert. Während der Weltkriege diente sie als Lazarett. Später traten dort Stars auf, 1970 zum Beispiel Udo Jürgens – Eintritt zehn Mark. Im selben Jahr fand der denkwürdige Auftritt der Band Deep Purple statt, die schon nach ein paar Songs die Bühne verließ, woraufhin die 2.000 Fans randalierten und 45.000 Mark Sachschaden sowie sechs Verletzte hinterließen. Heute wird die Halle unter anderem vom Schützenverein liebevoll instand gehalten; so mancher feiert hier seinen Abiball. Und natürlich finden hier immer noch die Schützenfeste statt.

Adresse Reckenstraße 6, 58511 Lüdenscheid | **ÖPNV** Lüdenscheid Bahnhof, Bus 46 bis Kulturhaus, dann Bus 40, Haltestelle Schützenplatz | **Anfahrt** A 45, Abfahrt Lüdenscheid, auf L 655, dann 1. rechts auf L 691, links auf Am Reckenstück, rechts auf Reckenstraße, der Beschilderung zum Parkplatz folgen | **Öffnungszeiten** bei Veranstaltungen oder nach Anmeldung, Tel. 02351/ 83279 | **Tipp** Ein weiteres Beispiel für Bürgerengagement ist die Waldbühne, eine 1934 angelegte Freilichtbühne im Stadtpark. 2004 wurde sie von Bürgern in Eigeninitiative wiederhergerichtet; heute finden dort wieder Veranstaltungen statt, Infos: www.waldbuehne-luedenscheid.de.

54_ Die Kornbrennerei Krugmann

50 Kilometer um den Schornstein – und drüber hinaus

Was haben Affenkotze, Lügner, Politessen und ein kleiner Lokus gemeinsam? Sie alle sind Teil des alkoholischen Krugmann-Sortiments. Hier gibt es »aus Tradition Innovation«. Deshalb sind auch Sonnenmilch und Schneegestöber nicht das, was Sie vermuten. Die neuen Trends sind bei Krugmann in bester, nämlich klassischer Gesellschaft, darunter der Sauerländer Tropfen mit 46 Ingredienzien und Edelbrände wie der fünf Jahre in Eichenfässern gelagerte Cognac VSOP oder der echte Williams Christ Birnenbrand.

Es bleibt im Dunkeln, wer den Schnaps erfunden hat, aber warum sollte es kein westfälischer Bauer gewesen sein, der mit Getreide experimentierte? In Meinerzhagen jedenfalls hat das Kornbrennen Tradition seit 1867, war die Destille der Krugmänner doch das erste Meinerzhagener Unternehmen überhaupt. Schnell entwickelte sich Kornbrennen zu einer Win-win-Angelegenheit für alle Beteiligten. Landwirte konnten Ernteüberschüsse verwerten und das Nebenprodukt der Brennerei, die Schlempe, als Kraftfutter fürs liebe Vieh nutzen. Bei den Konsumenten galt Branntwein als Wundermittel – ein Schlückchen belebte die Kräfte bei und nach der Arbeit auf dem Feld oder unter Tage, mit ihm begrüßte man Gäste, kurierte den Magen und stillte Zahnschmerzen, und dank der Branntweinsteuer freute sich auch der Staat. Vielleicht gab es Anfang des 19. Jahrhunderts deshalb 23.000 Brennereien in Preußen, davon 1.200 in Westfalen.

Das alte Preußen ist nicht mehr, und längst wird andere Medizin eingesetzt, aber Krugmann brennt noch immer – in sechster Generation. Während das Herstellungsverfahren das altbewährte ist, geht man bei den Produkten mit der Zeit: Die Mini-Spirituosen mit originellem Design und klingenden Namen wie Affenkotze waren es, die das Liefergebiet von 50 Kilometern um den eigenen Schornstein auf die ganze Welt ausweiteten – und das als unabhängiger Betrieb.

Adresse Krim 2, 58540 Meinerzhagen | **ÖPNV** Meinerzhagen, Busbahnhof Bus R52MK, R61, R61MK, Haltestelle Apotheke | **Anfahrt** A 45, Abfahrt Meinerzhagen Richtung Attendorn/Gummersbach/Kierspe auf Oststraße/B 54, nach circa 2,5 Kilometern links ab, um auf Oststraße zu bleiben, 2. links, um auf Oststraße zu bleiben, links ab auf Krim | **Öffnungszeiten** zu den Führungen, Infos: Tel. 02354/915919, www.brennereibesichtigung.de | **Tipp** Nahe bei Meinerzhagen, aber auf rheinischem Boden, liegt die Rengser Mühle, ein idyllischer Landgasthof, Infos: www.rengser-muehle.de.

55 Die Skisprungschanze

Wo Frauen und Männer durch die Luft fliegen

2014 ist es so weit: Dann wird Frauen-Skispringen olympisch. In Meinerzhagen kann man den fliegenden Damen aber schon seit Langem zuschauen – bei nationalen und internationalen Wettkämpfen auf der Meinhardus-Sprungschanze. Und das auch im Sommer, denn die Schanze ist eine Mattenschanze, auf der – natürlich auch von den Herren – zu jeder Jahreszeit trainiert wird.

Obwohl der Anlaufturm mit seinen 38 Metern Höhe im Vergleich zu einer Großschanze (über 100 Meter Höhe) eher klein ist, wirkt die Stahlkonstruktion doch furchteinflößend hoch und steil, wenn man danebensteht. Die Stelle an dem steilen Berghang ist zum Skispringen gut geeignet: Schon 1912 gab es hier einen Sprunghügel, 1925 die erste Sprungschanze, damals noch aus Holz. In den 1950er Jahren wurde die Schanze neu errichtet und 1964 zu einer Mattenschanze umgerüstet, damals die größte Mattenschanze Deutschlands. Zwei weitere Schanzen kamen noch hinzu, eine kleinere Übungsschanze und eine Kindersprungschanze. 1982 entstand der heutige Anlaufturm.

Die grünen Kunststoffmatten, die den Anlauf und den Aufsprungbereich bedecken, sehen bei näherem Hinsehen ein wenig aus wie weiche, lange Borsten eines Besens. Sie werden durch Düsen regelmäßig bewässert, damit sich das Gleiten darauf ähnlich anfühlt wie im Winter auf Schnee. Die Anlaufspuren sind aus Porzellan und werden ebenfalls bewässert. Von der großen Schanze kann man bis zu 80 Meter weit springen. Alle Nicht-Skispringer haben die Möglichkeit, dem neuesten Vergnügen Sommer-Tubing zu frönen, bei dem man auf einem Autoreifen liegend mit 65 Stundenkilometern den Auslaufhügel hinunterrast.

Im Rahmen der Regionale 2013 wird überlegt, den großen Anlaufturm mit einem Aufzug und einer Aussichtsplattform auszustatten. Das wäre dann der »Balkon zum Sauerland« – ein passender Name, denn genau an der Schanze startet der 250 Kilometer lange Wanderweg »Sauerland-Höhenflug«.

Adresse Butmicke 5, 58540 Meinerzhagen | **ÖPNV** Brügge Bahnhof, Bus 58 Meinerzhagen ZOB, Bus 98, Haltestelle Meinerzhagen Amtsgericht | **Anfahrt** A 45, Abfahrt Meinerzhagen, L 539, links in die Bergstraße, dann rechts in Heerstraße, im Kreisverkehr Ausfahrt »Im Brannten« nehmen | **Öffnungszeiten** nur bei Wettkämpfen und beim Training zugänglich; Skispringkurse unter www.skiklub-meinerzhagen.de, weitere Kurse und das Sommer-Tubing unter www.teamgold-skisprungschule.de | **Tipp** Eine weitere interessante Konstruktion ganz in der Nähe ist die Eisenbahnbrücke über die Volme in Meinerzhagen-Scherl. Sie wurde 1914 erbaut und ist eine der wenigen sogenannten Fischbauchbrücken (nach unten gewölbtes Tragwerk) in Deutschland.

56__Das Bergstädtchen Eversberg

Fachwerkidylle, eine Burgruine und ein Wildschwein

Wer in Eversberg herumläuft, kann es kaum fassen: Hier sieht alles genau so aus, wie ein Kind sich die perfekte Märchenstadt vorstellt. Auf einem pittoresken, bewaldeten Hügel gruppieren sich malerische Fachwerkhäuser und Kopfsteinpflasterstraßen rund um eine weiß getünchte Kirche. Alle Straßen führen zum Marktplatz, an dem das Rathaus steht. Der zentrale Baum ist von einer runden Sitzbank eingefasst; in den Blumenkästen blühen Geranien. Und als wäre das nicht genug, thront ganz oben über dem Ort auch noch eine Burgruine. Der Besucher spürt Ruhe und Zufriedenheit in sich aufsteigen, wie sie auch die Bewohner der Stadt ausstrahlen (es sind etwa 2.000).

Im 11. Jahrhundert jagten hier die Grafen von Arnsberg – vielleicht kommen daher auch der von einem Eber abgeleitete Name Eversberg und das Wildschwein im Stadtwappen. Die Stadt wurde 1242 von Graf Gottfried III. von Arnsberg gegründet. Von der wehrhaften Burg ist nur noch die Ruine des Bergfrieds erhalten, heute ein Aussichtsturm. In der Weihnachtszeit wird dort ein großer, leuchtender, weithin sichtbarer Stern angebracht.

1242 wurde mit dem Bau der Kirche begonnen, die Romanik und Gotik in sich vereint. Der massive Kirchturm erhielt 1712 seine barocke Turmhaube. Auch das Rathaus mit seinem geschwungenen Dach stammt aus der Barockzeit. Rechts und links der Eingangstür hängen ein Hirschgeweih und ein ausgestopfter Wildschweinkopf, unter dem steht: »ANO 1764 Den 27ten January IST DIESES SWEIN VON DEN EVERSBERGER GEFANGEN«. Wie es sich gehört, trägt das Rathaus die Feuerwehrsirene des Ortes auf dem Dach. Und natürlich ist auch das Rathaus ein Fachwerkhaus – in Eversberg ist sogar der Musikpavillon im Fachwerkstil gestaltet … Es gibt ein Heimatmuseum, einen Altstadtpfad (begleitet vom Maskottchen »Ritter Kräuselbart«) und ein reges Vereinsleben.

Adresse 59872 Eversberg gehört zu Meschede und liegt nordöstlich der Mescheder Innenstadt, nördlich der A 46 | **ÖPNV** Meschede Bahnhof, Bus C3, Haltestelle Mittelstraße | **Anfahrt** A 46, Abfahrt Meschede, K 45 bis Eversberg | **Tipp** Einen Besuch wert sind das Heimatmuseum in der Mittelstraße, Infos: www.eversberg.de/vve/museum-f.htm, und die Villa KünstlerBunt, die Ausstellungen sowie Kurse für Groß und Klein anbietet, Infos: www.villa-kuenstlerbunt.de.

AÑO J764 Den 27ten Januar YIST DIESES SWEIN VON DEN EVERSBERGER GEFANGEN

57__ Das Halloh mit Kreuzweg & Kapelle

Historische Stätte mit Tradition

Hat der Wanderer die kleine Flurkapelle auf dem Halloh in 346 Meter Höhe erreicht und genießt die Postkartenaussicht auf Wallen samt Kuhweide im Vordergrund, atmet er historische Luft. Was hat die Anhöhe nicht alles schon erlebt: Hexenverbrennungen, Wallfahrten, Hinrichtungen, heidnische Opfer, Krankenheilungen, Bestattungen der Pesttoten auf der Waller Flur und vorbeiziehende Trauerzüge.

Bereits in heidnischer Zeit war das Halloh eine Opferstätte. Darauf deuten uralte Hohlwege hin, die damals durchs Gehölz geführt haben müssen, wie das »-loh« im Namen vermuten lässt. Um 1200 lag das Halloh auf dem Soester Totenweg. Ritter Thimo hatte Erde aus dem Heiligen Land auf dem Friedhof in Wormbach verstreut, woraufhin die verstorbenen Adligen der Soester Wittekindburg dorthin überführt wurden. Zur Zeit der Hexenverbrennungen im Dreißigjährigen Krieg brannten auch hier die Scheiterhaufen, die sogenannte »Butterhexe« war die letzte Hingerichtete, aus deren Asche eine Linde mit fünf Ästen zum Zeichen ihrer Unschuld aufspross. Auch der Galgen hat hier gestanden, die Bohrlöcher der Pfosten sollen noch erkennbar sein.

1686 wurde die hübsche Kapelle errichtet, das Halloh zum Wallfahrtsort, an dem Kranke gesundeten; in der Kapelle zurückgelassene Gehhilfen bezeugen das. Der Altar, ein Vesperbild, entstand um 1700, die Pietà kurz darauf. Beachten Sie auch die bemalte Holzdecke im alten Kapellenteil: Jesus nimmt das von Gott gesegnete Kreuz und überwindet Tod und Teufel. Sein Leidensweg ist in den vier Kreuzwegen von Calle, Wallen, Ober- und Niederberge hinauf zur Kapelle dargestellt. Die alten Holzstationen wurden von Pfarrer Eduard Droll in den 1930ern instand gesetzt oder aus Stein neu errichtet. Bis heute kommen die Gemeinden der Gegend hierher und bitten, dass sich das Schicksal leidgeprüfter Menschen zum Guten wende.

Adresse Hallohweg, 59872 Meschede-Wallen, von hier 15 Minuten Fußweg aufs Halloh |
ÖPNV Meschede, Busbahnhof, Bus C4, Haltestelle Zum Heidtfeld, circa 15 Minuten
Fußweg | **Anfahrt** A 46, Abfahrt Wennemen Richtung Schmallenberg/Eslohe, rechts auf
Bundesstraße/L 743, rechts auf Geitenbergstraße/L 914, rechts auf Waller Straße/L 840,
von dort rechts auf Hallohweg und parken; die Kapelle liegt in Sichtweite auf dem Halloh |
Tipp Kehren Sie ein in Wenks Stube am Hallohweg 2. Das Bauernhofcafé bietet auch
regelmäßige Veranstaltungen sowie einen Hofladen, Infos: www.wenksstube.de.

58 Die Hünenburg

Wenn's um die Wurst geht

Beim Betrachten der Überreste der alten Wallanlage sieht man, dass man nichts sieht – oder zumindest nicht viel. Am auffälligsten ist da noch eine Stahlkonstruktion, die sich beim genaueren Hinsehen als Grill entpuppt. Das liegt zum einen daran, dass viel Sehenswertes der Burg verschwunden ist, zum anderen daran, dass es einiges nie gegeben hat. Doch der Reihe nach:

Da die Hünenburg in den Mescheder Urkunden unerwähnt ist, lässt sich ihre Entstehung nur grob in die Zeit Karls des Großen datieren, möglicherweise ist sie auch älter. Sie bestand aus dem älteren Kernwerk und der jüngeren »Vorburg«, die beide im Laufe der Zeit immer wieder umgebaut und ergänzt wurden und von zwei Wallgräben umgeben waren. Diese sind noch heute erkennbar und von einem Rundwanderweg erschlossen. Von den ehemals vor den Wällen stehenden Steinmauern sind nur noch wenige Reste erhalten, nutzten die Menschen der Umgebung sie doch als perfektes Baumaterial. Auch die alten Gräben sind nicht mehr in ihrer ganzen Tiefe zu betrachten, weil der hinter der Mauer angeschüttete Wehrgang in sie hineingerutscht ist.

Was es innerhalb der schützenden Mauern der Hünenburg jedoch nie gegeben hat und dementsprechend auch nicht gesehen werden kann, ist eine Anlage zur Wasserversorgung der Burgbewohner. Die Burg war also eine Fliehburg, wenn es um die Wurst ging, und zunächst nicht als Stammsitz für Mensch und Vieh vorgesehen gewesen. Dies wurde anders in der zweiten Hälfte des 19. Jahrhunderts, als eine Gartenwirtschaft im Inneren der Burgruine die Gäste lockte. Auch Kegelbahn, Schießstand, Getränkekeller und Obstgarten sorgten für Vergnügen, machten aber letzte Reste der Burg platt. Gerechterweise ist auch die Wirtschaft heute verschwunden, ob hier auch Würstchen gegrillt wurden, ist deshalb unklar. Diese können Sie nach der Umrundung der Wallgräben auf besagtem Grillplatz jedenfalls selbst grillen.

Adresse Hünenburgstraße, 59872 Meschede | **ÖPNV** Bus 367, Haltestelle Grevenstein-Post, circa 5 Minuten Fußweg | **Anfahrt** A 46, Abfahrt Meschede, 2 Kilometer auf Warsteiner Straße/B 55, links ab, um auf Warsteiner Straße zu bleiben, weiter auf Hünenburgstraße (Schildern zum Bernhard-Salzmann-Haus folgen und daran vorbeifahren) | **Tipp** Die Grillhütte mit Sitzgelegenheiten, Strom, Wasser und WC ist bei der Siedlergemeinschaft Hünenburg e.V. zu mieten, Ansprechpartnerin: Barbara Sperner, Tel. 0291/6287.

59__ Der jüdische Friedhof

Zu Hause im Haus der Ewigkeit

Bereits 1670 gab es in Meschede zwei jüdische Familien; zwischen 1835 und 1933 zählte die Gemeinde durchschnittlich 50 Mitglieder. Die Familien waren voll ins Mescheder Leben integriert, darunter die Kaufhausbesitzer Rosenthal, die Ikenbergs, die Ransenbergs und die Hesses, denen ein Textilgeschäft gehörte und die jedes Jahr den 20 ärmsten Kommunionkindern die Kleidung stifteten – schließlich drückten ihre Kinder gemeinsam die Schulbank; in Meschede waren es die evangelischen Kinder, die in eine eigene Schule gingen. Das berichten vier ehemalige Mitschüler noch im Februar 2011 während einer Veranstaltung in der Alten Synagoge in der Kampstraße, deren Grundsteinlegung 1878 in den Zeitungen als Bereicherung des Stadtbilds empfunden wurde.

Einen jüdischen Friedhof gab es in Meschede bereits 1829, eventuell an gleicher Stelle wie das heutige, 2.731 Quadratmeter große Gelände in der Beringhauser Straße. Das Tor zu den 46 Grabsteinen und zwei Grabplatten ist stets offen. Der typisch christliche Blumenschmuck fehlt, man lässt den Ort in Ruhe, auf vielen Gräbern liegen stattdessen kleine Steine, die die Dauer der Erinnerung an den Verstorbenen ausdrücken. Das jüngste Grab stammt nicht zufällig vom Oktober 1938, denn mit der Pogromnacht zum 10. November 1938 war das Ende der jüdischen Gemeinde besiegelt. Ein SS-Trupp zerstörte die Synagoge; Juden wurden ihres Eigentums beraubt …

Heute leben keine Juden mehr in Meschede, aber die Erinnerung ist wach. Engagierte Bürger richteten das Bürgerzentrum Alte Synagoge ein, 1999 von Johannes Rau mit den Worten eröffnet: »Wer ein Haus baut, der will bleiben. Die, die damals eine Synagoge gebaut haben, die wollten bleiben.«

Die Juden von Meschede waren hier zu Hause – und sind es noch. Sie wohnen im »Haus der Ewigkeit«, so die wörtliche Übersetzung des hebräischen Begriffs für Friedhof. In Meschede liegt dieses Haus in der Beringhauser Straße.

Es heist nicht sterben
Lebt man in den Herzen
der Menschen fort
die man verlassen hat

Adresse zwischen Beringhauser Straße 44 und 46, 59872 Meschede | **ÖPNV** Meschede, Busbahnhof Bus C2, Haltestelle Hartenknapp, circa 5 Minuten Fußweg | **Anfahrt** A 46, Abfahrt Meschede, rechts auf Warsteiner Straße/B 55, links auf Arnsberger Straße/B 55, weiter auf Hennestraße/L 743, rechts auf Beringhauser Straße | **Öffnungszeiten** ganzjährig; auch nicht jüdische Männer müssen eine Kopfbedeckung tragen | **Tipp** Besuchen Sie den Siegener Lindenbergfriedhof. Hier ruhen Christen, Muslime und Juden in friedlicher Nachbarschaft, und ein Teil steht unter Denkmalschutz (Frankfurter Straße, Siegen).

60__Der Küppelturm auf dem Küppelberg

Ein Berg voller Aussicht

2012 feiert der Küppelturm Geburtstag, seinen 80., um genau zu sein, wobei das nicht ganz korrekt ist, nimmt man es noch genauer: Die 25 Meter hohe Holzkonstruktion ist die vierte und zudem aufgestockte Version des Originals, aber das stört in Freienohl eigentlich weder Wanderer noch Einheimische.

Es war der 40. Geburtstag des Sauerländischen Gebirgsvereins (SGV) Freienohl, als am 5. Juni 1932 der Turm auf dem Küppel vor rund 600 Gästen eingeweiht wurde. Damals maß er 21 Meter, die sich auf sechs Stockwerke verteilten. Eine Spende von 780 Reichsmark und 15 Festmetern Holz ermöglichte den Bau in Freienohler Eigenleistung nach Plänen des Duisburger Architekten Herbert Weber. Damals gab es rund um Meschede sechs Aussichtstürme, doch nur der Küppelturm hat die Zeiten überdauert – dank der Pflege, die der SGV »seinem« Turm hat angedeihen lassen. Dennoch nagte der Zahn der Zeit am Wahrzeichen über der Ruhr, und so wurde der Turm 1959 neu errichtet, Kostenpunkt: 36.000 Mark. 150.000 Mark hat die nächste Rundumerneuerung 1983 gekostet, während der er gleich um vier Meter und vier Aussichtsplattformen aufgestockt wurde (die Bäume wachsen ja auch), seine sich nach oben hin verjüngende Form aber beibehalten hat. 2006 kam die letzte Erneuerung.

Es gibt mehrere Wege zum Küppelgipfel, dessen Höhe mal mit 422,6, mal mit 413 Metern angegeben wird. Letztere sollen sich auf einen südwestlich liegenden Messpunkt beziehen, das müssen Sie aber nicht so genau nehmen. Fest steht, dass der Anblick des erhaben hinter einer Wegbiegung stehenden Turms beeindruckt. Erklimmen Sie dann die 125 Stufen zur Turmspitze, genießen Sie einen tollen Panoramablick über den Arnsberger Wald, das Ruhrtal und nicht zuletzt aufs 200 Meter tiefer gelegene Freienohl. Und wenn Sie den Blick heben, sehen Sie die blau-weiße Wetterfahne mit Freienohler Wappen.

Adresse auf dem Küppel, Parkplatz beim Friedhof, Hohlknochen, 59872 Meschede-Freienohl, ab hier Wanderweg | **Anfahrt** A 46, Ausfahrt Wennemen, Richtung Sundern rechts auf Bahnhofstraße/L 743, weiter auf Breiter Weg/L 541, rechts auf Am Hügel, weiter auf Alte Wiese und Auf'm Hahn, rechts auf Hohlknochen; hier parken | **Tipp** Wenn Sie dem ausgebauten Fahrweg auf den Küppel folgen, stoßen Sie vor dem letzten Anstieg auf einen 1,5 bis 1,75 Meter hohen Stein-Erde-Wall mit flachem Graben. Er ist Teil der Schiedlike Borg, einer Wallburg aus dem 6. Jahrhundert v. Chr., Infos: www.freienohler.de/Vorbemerkung/schiedlike.htm.

61__Die Steinkugeln

Als Kanonenkugeln zu groß …

An mehreren Orten auf der Welt liegen mysteriöse, perfekt geformte Riesenkugeln aus Stein in der Gegend herum, die den Menschen Rätsel aufgeben. Um sie zu sehen, muss man nach Costa Rica reisen, an den Nordpol, nach Neuseeland … oder nach Grevenstein im Sauerland. An einem Wanderparkplatz liegen dort zwei solcher Steinkugeln mit einem Durchmesser von 1,20 Metern, jede sorgsam durch ein kleines Schieferdach geschützt. Ihre Kugelform ist perfekt; mit den rissigen, pockigen Oberflächen sehen sie wie kleine Monde aus. Man kann deutlich die horizontal verlaufenden Gesteinsschichten sehen. Doch wie kamen die Kugeln hierher, und wie sind sie entstanden?

Anders als zum Beispiel die Kugeln in Costa Rica, deren Form durch menschliche Bearbeitung entstand, haben sich die Sauerländer Kugeln auf natürliche Weise gebildet. Geborgen wurden sie in den 1970er Jahren in einem Steinbruch in der Nähe. Vor 330 Millionen Jahren befand sich dort – und in der ganzen Gegend – ein Meer, in dem sich Kieselkalk und andere Stoffe ablagerten. Einige davon (zum Beispiel Kieselsäure) bildeten Kristalle aus, durch die sich die Ablagerungen fest zusammenheften konnten. Um diesen festen Kern herum bildeten sich kreisförmig immer mehr Schichten aus, wie bei einer Perle, die in einer Muschel entsteht. So eine Knollenbildung nennt man Konkretion. Die Ablagerungen drum herum, die mehrere Kilometer hoch sein konnten, pressten die unteren Schichten immer stärker zusammen – nur das inzwischen zu einer Kugel gewordene Gestein widerstand dem Druck. Auch als später durch Verfaltungen des Gesteins das Rheinische Schiefergebirge entstand, blieben die Kugeln heil. An ihren Oberflächen sieht man noch Reste von schwarzem Tonschiefer mit Rutschspuren – vielleicht ein Zeichen dafür, dass umgebende Gesteinsschichten einfach an den Kugeln abrutschten. Ähnlich sind auch die Kugeln am Strand in Neuseeland entstanden.

Adresse Wanderparkplatz Ostfeld, Naturpark Homert, 59872 Meschede-Grevenstein | **ÖPNV** Freienohl Bahnhof, Bus 367, Haltestelle Grevenstein-Friedhof, Fußweg | **Anfahrt** A 46, Abfahrt Wennemen, der L 541, dann L 840, dann der Straße Ostfeld/L 839 folgen; am Landgasthof Grevenstein abbiegen zum Wanderparkplatz | **Tipp** Zum Thema »Kanonenkugeln«: In Warstein gibt es einen »Weg der Montangeschichte«, auf dem man an einem alten Hüttenplatz vorbeikommt. Dort goss man im 16. Jahrhundert eiserne Kanonenkugeln, mit denen angeblich die Stadt Münster beschossen wurde.

62__ Die Veltins-Brauerei

Überholen von der Kurve aus

In einer lang gestreckte Kurve liegt sie da, die Brauerei C. & A. Veltins. Die weißen hohen Gebäude heben sich majestätisch ab von den bewaldeten Hügeln, und es ist kaum vorstellbar, dass eine der modernsten Privatbrauereien Europas einmal klein angefangen hat. Und doch ist es so.

Alles begann 1824, als ein Grevensteiner Gastwirt Bier erstmals gewerblich braute. 1852 kaufte Clemens Veltins Gasthaus und Brauerei, die jährlich rund 150 Hektoliter Bier ausstieß. 31 Jahre später war ein Neubau am Ortsrand – in besagter Kurve – vonnöten, der bald um Dampf- und Eismaschine ergänzt wurde. 1893 übernahmen die Zwillingsbrüder und Namensgeber Carl und Anton Veltins das Unternehmen, ihr Nachfolger war Carl Veltins junior. Er schaffte den ersten Lieferwagen des eigenen Fuhrparks an (1919) und ließ Bier nur noch nach Pilsener Brauart produzieren, denn das Wasser im Grevensteiner Quellgebiet ist außergewöhnlich weich.

Nach kriegsbedingter Pause brauten die Kessel 1949 wieder, 1951 kam die erste Kunsteismaschine, und bereits 1953 wurden jährlich 12.000 Hektoliter Bier abgefüllt, meist in Fässer, ein Jahr später per handbetriebener Flaschenfüllanlage. 1964 übernahm Carls Tochter Rosemarie Veltins für 30 Jahre voller Innovation und Nachhaltigkeit die Brauerei: Neue Anlagen mit größerem Ausstoß wurden gebaut, der Export begann. Die neue hauseigene Kläranlage reinigte Abwässer effizienter, und heute – unter der Ägide von Susanne Veltins – schonen PVC-freie Kronkorken, wiederverwertbare Etiketten sowie recycelte Glasscherben und Kästen die Ressourcen. In Sachen Sortiment setzt die Unternehmerin traditionell auf Innovation: Hightech in der Anlage und neue Produktreihen wie der Biermix »V+«.

Und so kommt es, dass der Familienbetrieb seinen Platz im rückläufigen deutschen Biermarkt trotzdem ausbauen konnte – Kurven eignen sich also nicht nur in der Formel 1 bestens zum Überholen.

Adresse An der Streue, 59872 Meschede-Grevenstein | **ÖPNV** Bus 367, Haltestelle Grevenstein-Post, circa 5 Minuten Fußweg | **Anfahrt** A 46, Abfahrt Wennemen Richtung Sundern, rechts auf Bahnhofstraße/L 743, links auf Freienohler Straße/L 541, links halten auf Berger Straße/L 541, rechts auf Visbecker Straße/L 840, links auf Grevensteiner Straße/K 11, links halten auf In der Herrlichkeit/L 839, rechts auf An der Streue | **Öffnungszeiten** Führungen Di 9.30 Uhr und nach Anmeldung unter Tel. 02934/9590 | **Tipp** In Warstein gibt es eine zweite bedeutende Brauerei. Die dazugehörige »Warsteiner Welt« ist ein Themenpark zu ihrer facettenreichen Geschichte. Infos: www.warsteiner.de

63__ Die Drüggelter Kapelle

Geheimnisvolle Schlichtheit

Bereits auf dem Weg zur Kapelle über den Gutshof Schulte-Drüggelte ist die offene Atmosphäre zu spüren. Das Gelände mit Scheune, altem Backhaus und Kapelle ist zugleich reizvoller Schauplatz von Kunst (der Imaginäre Raum, siehe Seite 136, und diverse Sandsteinfiguren von Edda Tubbesing) und versprüht eine besondere Aura. Über die Historie der Drüggelter Kapelle wird viel diskutiert: Am Ort einer heidnischen Kultstätte soll sie stehen (angeblich kreuzen sich hier vier Wasseradern), außerdem Taufkapelle, Versammlungsort der Katharer oder eine Erinnerungsstätte an das Heilige Grab in Jerusalem gewesen sein (Letzteres steht in der Kapelle selbst geschrieben). 2006 begonnene interdisziplinäre Forschungen sollen endlich Licht ins Dunkel bringen.

Die Kapelle stört dieses Aufheben um sie herzlich wenig. Sie ist ein Ort der Ruhe, der Besinnung, des Gebets. Unweigerlich hält man beim Betreten durch die geschnitzte Holztür inne – und sei es aus Verwunderung. Was von außen schlicht anmutet, entfaltet von innen große Wirkung, trotz der spärlichen Einrichtung. Der zwölfeckige Grundriss ist gesäumt von einer Bankreihe; echte Hingucker sind die Säulen: vier dicke im Zentrum, umgeben von zwölf schlanken. Einziger Schmuck der Kapelle sind die Verzierungen der Würfelkapitelle und eine Baumlade aus Eichenholz aus ihrer Erbauungszeit (1167–1175). Auffällig ist außerdem die Lage der Apsis mit Altar, die rechts vom Eingang und somit außerhalb des ersten Blicks liegt. Aufgrund ihrer besonderen Architektur nahm Karl Friedrich Schinkel die Kapelle im 19. Jahrhundert ins Verzeichnis westfälischer Baudenkmäler auf.

Noch immer werden hier Gottesdienste, aber auch Lesungen und Vorträge abgehalten. Die Konzerte an Pfingsten während des Musikfestivals »Drüggelter Kunst-Stückchen« sowie die Kammerkonzerte des Heimatvereins Möhnesee sind aufgrund der besonderen Akustik sehr beeindruckend.

Adresse Gutshof Schulte-Drüggelte, Drüggelter Weg 1, 59519 Möhnesee-Delecke, Tel. 02924/327, www.drueggelte.de | **ÖPNV** Soest Bahnhof, Bus R49, Haltestelle Delecke, Drüggelter Weg, circa 4 Minuten Fußweg | **Anfahrt** A 44, Abfahrt Soest-Möhnesee, auf B 229 Richtung Möhnesee, links auf Arnsberger Straße/B 229, links halten auf Drüggelter Weg, hier parken | **Öffnungszeiten** ganzjährig, Führungen nach Anmeldung bei der Tourist-Information unter Tel. 02924/497 | **Tipp** Die Kapelle liegt nahe dem Möhnesee mit diversen Freizeitaktivitäten, darunter Schiffsfahrten, Infos: www.moehneseeschifffahrt.de.

64 Die Wegmarken

Ein Skulpturenpfad in der Hellwegregion

Der Hellweg ist ein uralter Handelsweg mit großer wirtschaftlicher Bedeutung für die Region. Unerlässlich für den Reisenden waren Orientierungshilfen wie Wegmarken. Eine ganz besondere Form der Wegmarke ist auf dem Skulpturenpfad vom Kloster Paradiese bis zum Golfplatz in Möhnesee entstanden: Von 1999 bis 2001 wurden in der Soester Börde und am Haarstrang ursprünglich elf Werke heimischer Künstler errichtet, deren Bedeutung mit dem Aufstellungsort korrespondiert und die dem Wanderer (oder Rad-, zum Teil auch Autofahrer) ganz neue Orientierung sein wollen.

Manche beziehen sich auf die historische Funktion ihres Standorts, so die »Galgenvögel« in Ampen am Schauplatz der alten Soester Hinrichtungsstätte. Manche spielen mit Phänomenen der Gegenwart, die sie in einen ganz neuen Bedeutungskontext stellen: Die Skulpturengruppe »Fern seh en de« lädt den Wanderer ein, Körper und Geist mit der Aussicht auf den Möhnesee zu inspirieren. Und wiederum andere Wegmarken sind ganz auf die Zukunft ausgerichtet, wie die 2000 eingeweihte »Millennium Mamma«.

Die Standorte liegen an den Wirtschafts- und Wanderwegen, so der Kubus von Renate Geschke. Auch in unserer aufgeklärten Welt hat ein Kubus nichts von seiner Symbolik verloren. Seine ebenmäßige Form ist von Menschenhand geschaffen, er gilt deshalb als ein Symbol für den Menschen, das sich in vielen Kulturen findet und sie dadurch verbindet. Auch Geschkes zweite Wegmarke greift eine Symbolik auf: Der Imaginäre Raum bezieht sich auf die vier Wasseradern, die sich an den vier mittleren Säulen der Drüggelter Kapelle kreuzen sollen, in deren Nachbarschaft er steht (siehe Seite 134).

Wie die Wegmarken des Hellwegs dem Reisenden Orientierung gaben, wollen die Skulpturen den Betrachter auf seinem persönlichen Weg – seiner Vergangenheit, Gegenwart und Zukunft – verorten. Wem das zu viel ist, der genieße einfach die schöne Aussicht.

Adresse Station 2, Imaginärer Raum: siehe Seite 134; Station 7, Kubus: Frankenufer, 59519 Möhnesee-Völlinghausen, www.wegmarken.org | **Anfahrt** Station 2, Imaginärer Raum: siehe Seite 134; Station 7, Kubus: A 44, Abfahrt Soest-Ost, der B 475 in Richtung Niederbergheim 7 Kilometer folgen, hinter der Ampelanlage 1. rechts auf Syringer Straße, links auf Frankenufer, rechts auf kleinen asphaltierten Feldweg, in einer Linkskurve liegt der Kubus | **Tipp** Träger des Projekts ist das Kulturhaus »Alter Schlachthof« in Soest, das mit Kino, Gaststätte und anderen Kulturveranstaltungen lockt, Infos: www.schlachthof-soest.de.

65 Die Brenscheider Mühlen

Es klappern die Mühlen im Nahmertal

Die Brenscheider Mühlen sind ein einzigartiges Denkmalensemble in Westfalen, denn sie sind original erhalten. Die ältere, die Kornmühle, stammt vermutlich aus dem 15. Jahrhundert und unterstand dem jeweiligen Landesherrn. Interessanterweise wurde hier nicht nur das Korn gemahlen, sondern bereits im 17. Jahrhundert im angebauten »Backes«, dem Backofen, zu Brot verarbeitet, und zwar zum gewerblichen Weiterverkauf. Doch nicht anders als heute kam die Steuer, und 1717 war vorerst Schluss mit dem gewerblichen Landbrot.

1765/66 trat der erste Erbpächter und Namensgeber auf den Plan: Jacob Hermann Brenscheid. Aufgrund des mittelalterlichen Mahlzwangs, nach dem die Bauern ihr Korn in einer bestimmten Mühle mahlen lassen mussten, war die Wirtschaftlichkeit für den Pächter einigermaßen gesichert. Doch um ebenjene Wirtschaft anzukurbeln, schaffte der preußische Staat zu Beginn des reformreichen 19. Jahrhunderts nicht nur die Akzise, sondern auch den Mahlzwang zugunsten der Gewerbefreiheit ab. In der Brenscheider Mühle wurde nun zwar wieder fürs Landvolk gebacken, aber Großbetriebe übernahmen die Kornverarbeitung, und 1952 hörte das Mühlrad – inzwischen Eigentum der Familie vom Hagen – auf zu klappern.

300 Meter oberhalb der Kornmühle liegt die 1845 von Johann Diedrich vom Hagen erbaute Ölmühle. Seinerzeit wurde in Wiblingwerde viel Raps angebaut, aus dem hier Öl als Nahrungsmittel und zur Lichtversorgung gewonnen wurde. Doch keine 100 Jahre später machten Ölfabriken der Mühle Konkurrenz, und nach einem kurzen Aufflackern während des Ersten Weltkriegs ging ihr Licht mit der Aufhebung der Lebensmittelrationierung und der Währungsreform von 1923 endgültig aus.

Privater Initiative sind die umfangreichen Restaurierungen zu verdanken, und seit 1984 zieht in der Kornmühle auch wieder regelmäßig der Duft nach frisch gebackenem Brot durch die Luft.

Adresse Brenscheider Mühle 1, 58769 Nachrodt-Wiblingwerde | **Anfahrt** A 45, Abfahrt Lüdenscheid-Nord, links Richtung Nachrodt-Wiblingwerde/Altena, nach circa 5 Kilometern links dem Schild »Brenscheider Mühlen« durch den Wald folgen | **Öffnungszeiten** von außen ganzjährig; Besichtigung der Kornmühle nach Anmeldung unter Tel. 02352/2904, Besichtigung der Ölmühle nach Anmeldung unter Tel. 02352/1438, Mai–Okt.: Backvorführungen jeden 1. Sa im Monat ab 6 Uhr | **Tipp** Von hier aus starten 4 Fabelwanderungen von 30 bis 120 Minuten Länge. Hinterher kann man sich im Restaurant Brenscheider Mühle stärken. Öffnungszeiten: Mi–So ab 11 Uhr, Tel. 02352/2904.

66 _ Der Johannisborn
Von der germanischen Kultstätte zur christlichen Quelle

Das Dorf Wiblingwerde, anders als sein im Tal liegendes Pendant Nachrodt auf einer weiten Hochfläche im Lennegebirge gelegen, war schon in vorchristlicher Zeit besiedelt. Die Quelle an der alten Straße nach Gut Sassenscheid und weiter nach Altena soll damals eine germanische Kultstätte gewesen sein, an der den Göttern geopfert wurde. Vielleicht ernannte man sie zum heiligen Ort, weil sie genau nach Osten zum Sonnenaufgang zeigt.

Um 800 soll es in der Nähe eine von den Franken eingerichtete Missionsstätte gegeben haben. So wurde irgendwann in dieser frühchristlichen Zeit aus der Kultstätte eine Taufstätte, die nach Johannes dem Täufer »Johannisborn« genannt wurde: Hier taufte man die Täuflinge mit dem Quellwasser. Man sah es als Wunder an, dass die Quelle selbst im heißesten Sommer nie austrocknete. Im 13. Jahrhundert baute man in der Nähe eine Kirche, die ebenfalls dem heiligen Johannes geweiht wurde. Diese spätromanische Johanniskirche ist auch jetzt noch die Kirche der – heute evangelischen – Gemeinde Wiblingwerde. Das Taufwasser wurde noch lange aus der »heiligen« Quelle geholt. Man erzählt, dass die Einheimischen dem Wasser bis ins 20. Jahrhundert hinein verschiedene Wirkungen zusprachen: Es sollte durch Trinken und Einreiben kranke Menschen und Kühe heilen oder durch Besprengen neu gebaute Häuser vor bösen Geistern schützen.

Bis zur Reformation stand hier eine Kapelle, zu der vor allem am Johannistag (24. Juni) gepilgert wurde. In den 1920er Jahren wurde die Quelle übermauert; das Steinrelief, das wir heute sehen, wurde 1954 von Fritz Korte entworfen und zusammen mit der neuen Bruchsteinübermauerung angebracht. Es zeigt eine frühmittelalterliche Taufszene. Die Quelle ist etwas in Vergessenheit geraten – dabei gibt es doch gerade um Wiblingwerde herum schöne Wanderwege, die direkt am Johannisborn vorbeiführen (darunter Nummer 10, 12 und X1).

JOHANNISBORN

Adresse Auf der Weide, 58769 Nachrodt-Wiblingwerde | **ÖPNV** Bahnhof Hagen-Hohen-limburg, Bus 539 bis Haltestelle Wiblingwerde | **Anfahrt** A 45, Abfahrt Lüdenscheid-Nord, Richtung Altena/Schalksmühle, links auf L 692, am Ortseingang von Wiblingwerde rechts auf Auf der Weide, der Johannisborn liegt direkt an der Straße | **Tipp** Ganz in der Nähe liegt der vielleicht schönste Waldlehrpfad Südwestfalens – im Naturschutzgebiet Lohhagen. Vom Insektenhotel bis zur Wacholderfläche, von toller Aussicht bis zum »Grünen Klassenzimmer« ist alles dabei, Infos: www.nestiweb.de/wibtouristik/waldlehrpfad.htm.

67 Die Gerichtslinde

Im Schatten der Linde

Im Zentrum von Neuenrade, inmitten des Stadtparks nebst Teich, steht ein majestätischer Baum. 900 Jahre soll sie schon dort stehen, die große Linde, und damit ist sie älter als die Stadt. Die erhielt erst am 25. Juli 1355 das große Stadtprivileg von Graf Engelbert III. von der Mark, wozu neben dem Recht der Selbstverwaltung und der Veranstaltung von drei Jahrmärkten auch die Gerichtsbarkeit gehörte. Die Rechtsprechung oblag dem landesherrlichen Richter, allerdings hatten die Ratsmitglieder, also der Bürgermeister und elf Ratsherren, eigene Verwaltungs- und Gerichtsbefugnisse.

Nun ist es jedoch falsch anzunehmen, in Neuenrade hätte nicht schon vor der Stadtgründung Ordnung geherrscht, und hier kommt wieder die Linde ins Spiel, ihres Zeichens auch Gerichtslinde genannt. Im Schatten ihrer Baumkrone wurden im Mittelalter die Urteile gefällt, denn das Gericht musste unter freiem Himmel abgehalten werden. Um wenigstens etwas Schutz vor Wind und Wetter zu haben, pflanzte man Bäume an den Gerichtsstätten. Linden waren sehr beliebt, denn der Aberglaube schrieb ihnen vielfältige und magische Wirkungen und einen besonderen Schutz bei Gewitter zu. Ihr schnelles Wachstum, der hohe Wuchs mit dichter Baumkrone und ihre lange Lebensdauer von mehreren 100 Jahren sind die eher pragmatischeren Gründe. Ob die Linde in Neuenrade wirklich 900 Jahre alt ist, weiß wahrscheinlich nur sie selbst, denn häufig wurden beschädigte – zum Beispiel vom Blitz getroffene – Bäume durch neue ersetzt.

Im 16. Jahrhundert war übrigens Schluss mit den Open-Air-Urteilen. Seitdem fanden die Verhandlungen im alten Rathaus gegenüber dem Park statt (heute: Gertruden Apotheke, Erste Straße 16). Bis zum Beginn des 20. Jahrhunderts befand sich im Keller noch das Arrestlokal, während oben drüber Schüler unterrichtet wurden und fröhliche Lieder sangen – manchmal auch im Chor mit den Inhaftierten.

Adresse Hinterm Wall, 58809 Neuenrade | **ÖPNV** Bus 60, Haltestelle Neuenrade-Mitte, circa 4 Minuten Fußweg | **Anfahrt** aus Richtung Lüdenscheid auf B 229 bis Werdohler Straße/B 229, in Neuenrade rechts auf Poststraße, 1. links auf Hinterm Wall | **Tipp** Gegenüber vom Hotel Kaisergarten, das in sein Restaurant einlädt, steht ein bronzenes Modell der Stadt um 1600, Infos: www.hotel-kaisergarten.com.

68_ Das Alte Lyzeum

Ab auf die Schulbank

Erhaben steht es da, das Alte Lyzeum in der Franziskanerstraße, und bildet einen architektonischen Kontrapunkt zum benachbarten Rathaus von 1978. Passenderweise ist in dem Bau von 1911/12 das »Gedächtnis der Stadt« untergebracht: das Stadtarchiv. Und auch wer in Olpe zur Musikschule möchte, ist hier an der richtigen Adresse.

Mit deren Eröffnung führte das Alte Lyzeum seine lange Tradition als Schulgebäude fort, dessen Charme sich auch nach der Restaurierung 1988 erhalten hat. Schon beim Betreten des Treppenhauses mit dem schwarz-weißen Steinboden und dem Eisengeländer samt Anti-Runterrutsch-Vorrichtung fühlt man sich an die eigene Schulzeit erinnert. Jeden Moment rechnet man damit, dass der Schulgong zur Pause läutet, die Klassentüren auffliegen und eine Horde junger Mädchen über die Flure auf den Hof rennt – denn für höhere Töchter wurde die Schule 1870 von den Franziskanerinnen gegründet.

Die Ordensgeschichte der Olper Franziskanerinnen begann 1859 mit den sozialen Umschichtungen der Zeit. Drei junge Olperinnen, die »Waisenschwestern«, kümmerten sich fortan um Kranke, aber vor allem um die Schulbildung für Mädchen. Im Zuge des Kulturkampfes, der Kirche und Staat trennen wollte, wurde das Lyzeum 1876 zwar geschlossen, 1893 aber wiedereröffnet. 1911/12 folgte der Umzug in die Franziskanerstraße, 1927 die Einrichtung der Oberstufe mit Abitur. Im Jahr darauf wurde es still im Alten Lyzeum, denn das neue Oberlyzeum zog in einen Neubau in die Kolpingstraße. Nach der Schließung im Jahr 1941 ging es 1945 weiter mit dem Unterricht, und 30 Jahre später saßen auch die ersten Jungen auf der Schulbank. Seit 1983 trägt die Schule ihren aktuellen Namen: St.-Franziskus-Gymnasium.

Und das Alte Lyzeum? Nach dem Auszug der Mädchen ist es heute eine Stätte der Begegnung und Kommunikation für alle Olper, in der man Räume für Veranstaltungen mieten kann. Und keine Sorge: Der Gong wird Sie dabei nicht stören.

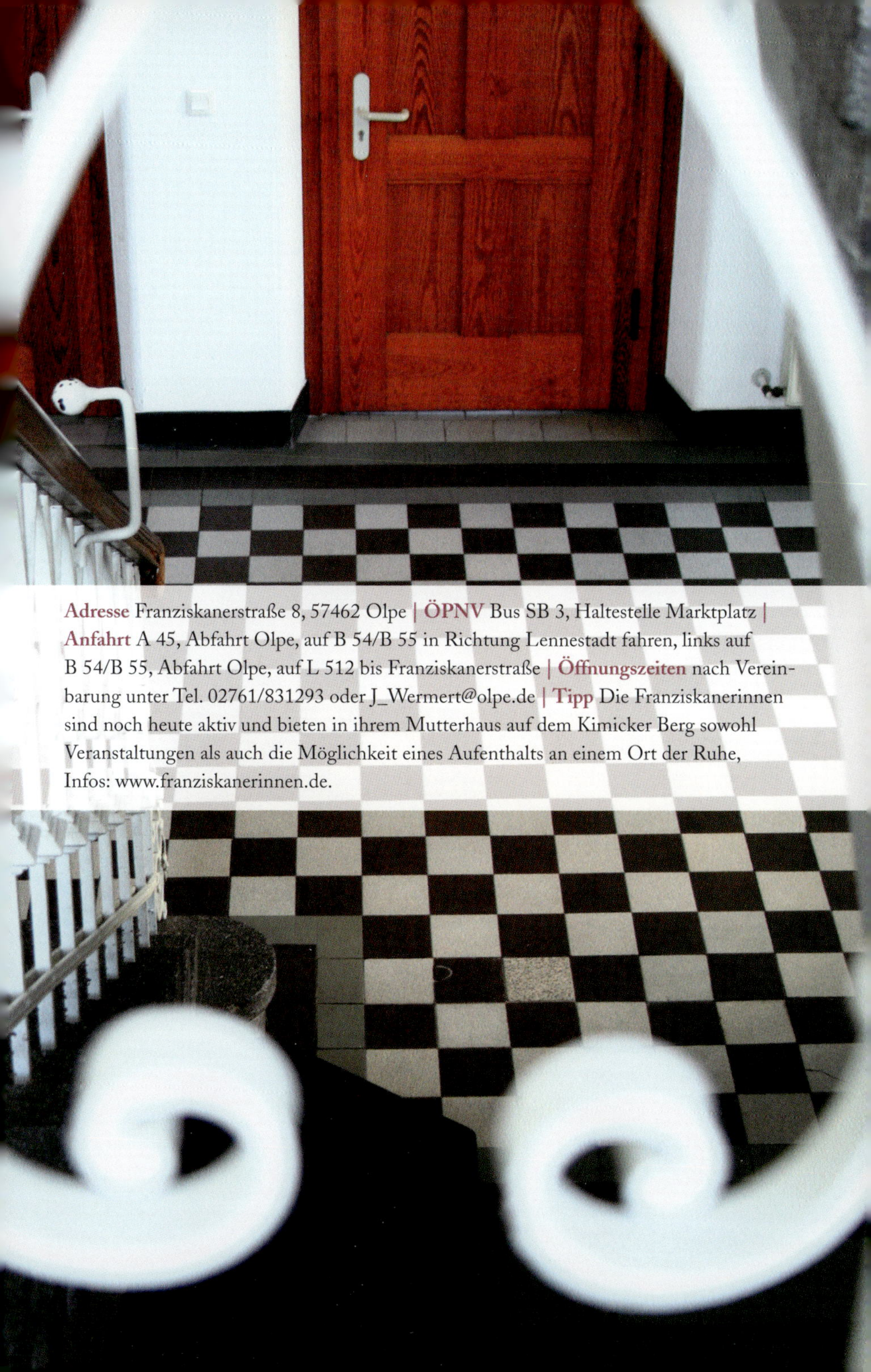

Adresse Franziskanerstraße 8, 57462 Olpe | **ÖPNV** Bus SB 3, Haltestelle Marktplatz | **Anfahrt** A 45, Abfahrt Olpe, auf B 54/B 55 in Richtung Lennestadt fahren, links auf B 54/B 55, Abfahrt Olpe, auf L 512 bis Franziskanerstraße | **Öffnungszeiten** nach Vereinbarung unter Tel. 02761/831293 oder J_Wermert@olpe.de | **Tipp** Die Franziskanerinnen sind noch heute aktiv und bieten in ihrem Mutterhaus auf dem Kimicker Berg sowohl Veranstaltungen als auch die Möglichkeit eines Aufenthalts an einem Ort der Ruhe, Infos: www.franziskanerinnen.de.

69 __ Die Bleichewiese

Als das Wäschewaschen noch gesellig war

In vielen Städten deuten Straßennamen noch darauf hin, dass es dort eine Bleichewiese gab, also eine Wiese zum Bleichen von Wäsche, damit sie schön weiß und fleckenlos wurde. So auch in Olpe. Die »große Bleiche« ist eines der Dinge, an die sich heute kaum noch jemand erinnert. Dabei ist das gemeinschaftliche Waschen an einem Fluss und das anschließende Ausbreiten der Wäsche in vielen Ländern wie zum Beispiel Indien auch heute noch üblich.

In Deutschland hielten ab den 1920er Jahren Waschmaschine und Waschpulver Einzug, sodass die Wäsche zu Hause gewaschen und schon beim Waschen gebleicht werden konnte. Zuvor war es aber üblich, dass sich die Frauen an Waschtagen am Bach vor der Stadt trafen – in Olpe das Flüsschen Olpe –, am Waschbrett die Wäsche schrubbten, sich über alles Mögliche austauschten und die Wäsche dann auf der Wiese ausbreiteten. Die Bleichwirkung kam durch die Sonne und den vom Rasen gebildeten Sauerstoff zustande (»Rasenbleiche«); oft wurde die Wäsche auch noch mit Pottasche eingerieben und zwischendurch noch einmal durchgespült. Die Natur erzeugte dabei in kleiner Menge das bleichende Wasserstoffperoxid, das heute chemisch hergestellt und zum Beispiel zum Blondfärben der Haare verwendet wird.

Der Vorgang des Waschens und Bleichens dauerte den ganzen Tag – oft blieb die Wäsche sogar tagelang auf der Bleiche liegen. In der Kaiserzeit und auch schon davor war die Wäschebleiche ein beliebtes Thema in der Malerei, wie zum Beispiel auf dem berühmten Bild *Die Bleiche* von Max Liebermann.

Olpe hat der alten Zeit der Waschfrauen auf der Bleichewiese 2002 ein eigenes Denkmal gesetzt: das Wäscherinnendenkmal, geschaffen von der Künstlerin Anneliese Schmidt-Schöttler aus Finnentrop. Die vier bronzenen Frauen sind mit der Wäsche beschäftigt; eine trägt einen Wäschekorb, eine andere wäscht in einem Waschzuber.

Adresse Bleichewiese, 57462 Olpe | **ÖPNV** Olpe Bahnhof, von dort zu Fuß über Bahnhofstraße und Kurkölner Platz zum Weierhohl, dem Weg neben dem Bach, diesem folgen | **Anfahrt** A 45, Abfahrt Olpe, Schildern Richtung Innenstadt folgen, die Bleichewiese liegt zwischen den Straßen Löher Weg/In der Steinkuhle und Fellmicke; ein Parkplatz ist direkt an der Wiese | **Tipp** Die Bleichewiese ist Teil des stadtökologischen Erlebnispfades, der sich auch mit dem Thema »Wasserleben an der Olpe« beschäftigt. Ein Spaziergang am Bach führt unter anderem am alten Gerberviertel und an einem sich drehenden Mühlrad vorbei, Infos: www.olpe.de/index.phtml?NavID=1851.391&La=1

70__Das Brackendenkmal
Aus hellem Halse unglücklich

Der Ablauf einer Brackenjagd ist komplex und folgt ganz eigenen Gesetzen. Es geht – in aller Kürze – darum, das Wild durch lautes Geräusch der Bracken – vorzugsweise ihr Gebell – nicht in Panik, sondern in Bewegung zu versetzen. Und weil Wild nach seinen eigenen Regeln flüchtet, nämlich immer schön ins eigene, bekannte Revier, brauchen sich die Jäger nur dort zu postieren und abzuwarten: dass ihre Bracken mit ihrer feinen Nase das Wild aufstöbern und mit ihrem sogenannten »Geläut«, dem lauten Bellen, das Wild vor ihre Flinte treiben.

Brackenhunde lassen sich bis ins alte Ägypten zurückverfolgen, wobei sie nicht zwangsläufig von dort stammen. Auch der Römer Arrianus Flavius berichtete von der sogenannten Keltenbracke, die sich durch eine sehr feine Nase und ein Jagen mit hellem Hals auszeichne. Ihr Gesichtsausdruck ähnele dem von Bettlern, ihr Anblick sei ebenso leidvoll, und die »am höchsten im Blute stehenden Hunde sehen besonders unglücklich aus«.

Beim Blick auf die heutige Deutsche Bracke (so genannt seit 1900) mit ihren dunklen Augen und den Hängeohren wird klar, was Arrianus meint. Gegen Ende des 19. Jahrhunderts begann man im Kreis Olpe mit ihrer Züchtung, weshalb sie auch als Olper oder Sauerländer Bracke bekannt ist. Der Wildbestand in den hiesigen Wäldern war groß, das Sauerland ein gutes Jagdgebiet, für das ebenso gute Jagdhunde benötigt wurden. Seit 1896 setzt sich deshalb der in Olpe gegründete Deutsche Bracken-Club für Zucht und Verbreitung der Brackenrassen, aber auch für den Erhalt der traditionellen Brackenjagd ein. Zu seinem 100. Jubiläum im Jahr 1996 wurde das Brackendenkmal an der Stadtmauer gestiftet. Zu sehen sind zwei Bracken sowie der »Halbmond«, das traditionelle Jagdhorn der Brackenjäger, das heute nur noch von den Sauerländer und Markendorfer Brackenjägern verwendet wird. Da bleibt nur eins zu wünschen: Waidmanns Heil!

Adresse Im Weierhohl, 57462 Olpe | **ÖPNV** Bus SB 3, Haltestelle Marktplatz, circa 5 Minuten Fußweg | **Anfahrt** A 45, Abfahrt Olpe, auf B 54/B 55 in Richtung Lennestadt fahren, links auf B 54/B 55, Abfahrt Olpe, auf L 512 bis Franziskanerstraße, im Kreisverkehr 3. Ausfahrt, links auf Löherweg, links auf Im Weierhohl | **Tipp** Von hier aus geht man nur circa 5 Minuten zur sehenswerten Kreuzkapelle von 1737, die – einst außerhalb der Stadtmauer gelegen und daher von den Stadtbränden verschont – Olpes ältestes Gotteshaus ist.

71 Der Geschichtsbrunnen

Eine feuchte Wiese wird Kreisstadt

Alles begann vermutlich um 800, als Olpe noch nicht am Biggesee, sondern am »Ol-apa«, dem Bach im feuchten Wiesengrund, lag. Damals wurde an der Kreuzung zweier Fernwege und im Mündungswinkel zwischen Olpe und Bigge eine dem heiligen Martinus geweihte Eigenkirche gegründet, die Stadtrechte folgten 1311 in kurkölnischer Zeit, an die der Kurkölner Platz im Schatten der Stadtmauer erinnert.

Dieser wurde Ende der 1990er Jahre neu gestaltet – mit dem 1998 eingeweihten Geschichtsbrunnen des Bildhauers Karl-Heinz Klein. Wer ihn zu deuten versteht, erfährt in den vier Wappen von Olpes landesherrlicher Zugehörigkeit, außerdem von sechs Olper Persönlichkeiten, darunter Ordensstifterin Maria Theresia Bonzel, und von den sechs wichtigsten Stationen der Olper Geschichte.

Hier eine deutende Chronik: Die erste Bronzetafel illustriert die Stadterhebung im Jahr 1311: Ein Botschafter des Kölner Erzbischofs verliest den Olpern die Urkunde. 1550 erhält die Stadt das Recht auf einen Jahrmarkt, der innerhalb der inzwischen gebauten Stadtmauer stattfindet. Am 28. April 1795 dann der große Schock: Ein Feuer zerstört die Fachwerkstadt, die Bürger flüchten samt Brandpatronin Agatha durch die Tore. 1911 findet zum 600-jährigen Stadtjubiläum das erste Schützenfest statt – bis heute ein wichtiger Termin im Olper Veranstaltungskalender. 1945 sind viele Gebäude schwer beschädigt, darunter ein Turm der Martinuskirche. Die Olper bauen die Stadt zum Teil mit bloßen Händen wieder auf.

Heute ist Olpe Kreisstadt und liegt noch immer am Schnittpunkt zweier Fernwege: der A 4 und der A 45. Über diese kommt man nicht nur zum inzwischen gestauten Biggesee, sondern auch ins Zentrum der Stadt, genauer zum Kurkölner Platz.

Besonders für Touristen ist der plätschernde Geschichtsbrunnen der ideale Ausgangspunkt zur Erkundung einer Stadt, die nah am Wasser gebaut ist.

Adresse Kurkölner Platz, 57462 Olpe | **ÖPNV** Bus SB 3, Haltestelle Marktplatz, circa 5 Minuten Fußweg an der Kirche vorbei | **Anfahrt** A 45, Abfahrt Olpe, auf B 54/B 55 in Richtung Lennestadt fahren, links auf B 54/B 55, Abfahrt Olpe, auf L 512 bis Franziskanerstraße, im Kreisverkehr 3. Ausfahrt, geradeaus, der Brunnen steht links unterhalb der Stadtmauer | **Tipp** Am anderen Ende der Stadtmauer steht der sogenannte Hexenturm aus dem 14. Jahrhundert, Olpes ältestes weltliches Gebäude und bis um 1800 Gefängnis.

72 — Die Martinuskirche mit der Statue der heiligen Agatha

Zwei Stadtpatrone und ein uraltes Gelübde

An der Martinuskirche in Olpe fällt sofort auf, dass die Symmetrie nicht stimmt: Dort, wo eigentlich eine zweite Turmspitze sein sollte, gibt es keine – der Turm wurde 1945 durch britische Bomber so stark zerstört, dass er gesprengt werden musste. Seither dient der Turmstumpf als Mahnmal. Kirche und Stadt wurden aber auch schon vor 1945 von Katastrophen gebeutelt: 1634 und 1795 gab es verheerende Stadtbrände, bei denen auch die Vorgängerbauten der Kirche stark beschädigt wurden. Damit nicht genug, brannte 1907 die damalige Martinus-Kirche ab. Der 1909 geweihte Nachfolgebau, eine große neugotische Basilika, ist – bis auf den Turm – derjenige, den wir heute sehen.

Damit nicht auch diese Kirche und die Stadt einer Katastrophe zum Opfer fallen, frönt man in Olpe seit 1665 einem ungewöhnlichen Brauch: Damals erflehten die Olper erstmals den Beistand der Agatha. Diese Heilige, die um 250 auf Sizilien den Märtyrertod starb, wurde zur Verschonung vor Feuer angerufen – vielleicht, weil mit ihrem Schleier der Lavastrom des ein Jahr nach ihrem Tod ausgebrochenen Ätna aufgehalten werden konnte. Seither erneuert Olpe unter Führung des Bürgermeisters dieses Gelübde jedes Jahr. Immer um den Agathatag am 5. Februar herum stehen die Damen und Herren des Stadtrats am Altar und sprechen feierlich die Worte nach – ein in Deutschland wohl einmaliger Vorgang. Später folgt eine Fackelprozession. Vor einem Seitenportal der Martinuskirche steht seit 1979 eine goldene Statue der Agatha. Vier Tafeln zeigen bildlich die Plagen, vor denen sie die Stadt schützen soll. Geschaffen wurde die Plastik von Josef Baron, Schüler von Ewald Mataré, dessen Einfluss deutlich erkennbar ist. Der andere Stadtpatron, der heilige Martinus, der ja einem Bettler die Hälfte seines Mantels gab, bekommt leider kein Gelübde, aber dafür Laternenumzüge und eine schöne Abbildung im Olper Stadtwappen.

Adresse Auf der Mauer 6, 57462 Olpe | **ÖPNV** Olpe Bahnhof; von dort aus sieht man die Kirche schon | **Anfahrt** A 4, A 45, Abfahrt Olpe, über die L 512 in die Innenstadt. Die Kirche ist in der Stadtmitte oberhalb der Stadtmauer | **Tipp** Von Ewald Mataré selbst stammt die schlichte Gedenkstätte für die Opfer beider Weltkriege, ein 3,50 Meter hohes goldenes Kreuz an der Stadtmauer.

73__ Der Marktplatz
Kleiner Platz, viel Geschichte

Mit der Erhebung zur Stadt begann in Olpe eine Blütezeit. Strohgedeckte Fachwerkhäuser dominierten das Bild. Die ortsansässigen Gewerbe, die Gerber und Panneklöpper (Pfannenschmiede), sorgten für Wohlstand und Ansehen – bis die mittelalterliche Stadt während des großen Brands von 1795 vernichtet wurde.

Schon vier Monate später, im August, wurde Olpe wiederaufgebaut, allerdings fiel dabei der mittelalterliche Grundriss dem Reißbrett zum Opfer. An diesem nämlich hatte Johann Adam Stahl die neuen Straßenzüge im rechten Winkel beziehungsweise parallel zueinander geplant, damit sie zukünftig – im erneuten Fall der Fälle – als Feuerschneisen dienen konnten. Nicht aufgegeben wurden die alten Kellergeschosse, und so kommt es, dass viele Keller der Häuser von 1795 weit in den Straßenraum hineinragen.

Ein prägnantes Beispiel sind die Gewölbe im Restaurant »Goldener Löwe« am Marktplatz im Haus Nummer 6: das 1500/1600 entstandene hintere und das große Gewölbe von 1795. Per Zufall wurde Letzteres 1990 wiederentdeckt. Ein Minibagger und helfende Hände legten es frei, und zur großen Überraschung kam auch noch das einen Meter tiefer liegende zweite Gewölbe samt Brunnen zum Vorschein. Nach einer umfangreichen Sanierung stehen beide unter Denkmalschutz – und Sie können es sich in einem Stück Olper Baugeschichte schmecken lassen.

Ein weiteres Zeugnis Olper Geschichte ist das Panneklöpper-Denkmal von 1982. Die Schmiedezunft der Panneklöpper bestand in Olpe seit 1567; hier wurden Pfannen, Töpfe und andere Haushaltsgefäße hergestellt und von Händlern in ganz Südwestfalen verkauft. Zurück brachten sie den Beinamen »Panneklöpper« für alle Olper. Der letzte seiner Art war der Kupferschmied Robert Heer, der 2008 im hohen Alter verstarb. Einzig der fast lebensgroße Bronzepanneklöpper auf dem Marktplatz schmiedet jetzt noch das Eisen und erinnert damit an eine alte Olper Tradition.

Adresse Marktplatz, 57462 Olpe | **ÖPNV** Bus SB 3, Haltestelle Marktplatz | **Anfahrt** A 45, Abfahrt Olpe, auf B 54/B 55 in Richtung Lennestadt fahren, links auf B 54/B 55, Abfahrt Olpe, auf L 512, links auf Westfälische Straße bis Marktplatz | **Tipp** Neben dem Goldenen Löwen (www.goldener-loewe-olpe.de) besticht auch das Team des Gasthofs Sauerland mit Herzlichkeit (www.gasthof-sauerland.de). Im Sommer sollten Sie an den sehenswerten Außentischen Platz nehmen.

74_ Das Seniorenparadies Seebahnhof

Vom Zug direkt aufs Schiff

Olpe-Sondern liegt am Westufer des Biggesees und besitzt den einzigen »Seebahnhof« in Nordrhein-Westfalen, also einen Bahnhof direkt am Wasser mit Fähranschluss. Die günstige Lage erhielt der Ort in den 1950er Jahren quasi als Entschädigung: Durch den Bau der Biggetalsperre zwischen 1956 und 1965 musste die ursprüngliche Ortschaft Sondern umgesiedelt werden. Für die damals etwa 300 Einwohner war das natürlich nicht einfach, und erst als der See fertig war, breitete sich wieder gute Stimmung aus: Nun konnte Sondern aus seiner neuen Lage am Wasser Kapital schlagen. Campingplätze, Strandbad, Surfclub, Bootsverleih und die »Weiße Flotte«, die Ausflugsschifffahrt, nahmen ihren Betrieb auf, und die Touristen kamen.

Auch den Bahnhof hatte man dem neuen Sondern einzig aus touristischen Gründen gegönnt – eigentlich sollte die 24 Kilometer lange Strecke der Biggetalbahn beim Bau der Talsperre stillgelegt werden. Für den Neubau der Strecke mussten neue Brücken (siehe Seite 20) gebaut werden, auf denen die Fahrgäste nun einmal stündlich mit Seeblick zwischen Finnentrop und Olpe verkehren können.

Besonders Senioren machen dabei gern halt am Seebahnhof Sondern. Denn hier hat man alles gleich beisammen: Unmittelbar im Bahnhofsgebäude befindet sich das Restaurant »Seeterrassen« mit Außengastronomie, barrierefreien Zugängen und einer netten Auswahl an Seniorentellern – vom Rheinischen Sauerbraten bis zum Seehechtfilet »Müllerin«. Außerdem braucht es nur einen kurzen Gang zum Seeufer, und schon kann man (im Sommer alle halbe Stunde) zur Biggesee-Schiffsrundfahrt starten. Montags ist sogar Seniorentag – da gibt es Schiffsfahrt und Seniorenteller zum vergünstigten Preis.

Fairerweise soll erwähnt werden, dass auch für junge Menschen etwas geboten wird, zum Beispiel das alljährliche Seenachtsfest mit Partymusik und Feuerwerk.

Adresse Strandweg 1, 57462 Olpe-Sondern | **ÖPNV** Olpe oder Finnentrop Bahnhof, stündliche Abfahrten des Biggesee-Express zum Bahnhof Sondern | **Anfahrt** A 45, Abfahrt Olpe, Richtung Attendorn fahren; nach 4 Kilometern die Abzweigung nach Sondern nehmen | **Öffnungszeiten** Infos zu Schiffsabfahrtszeiten: www.biggesee.de | **Tipp** An der Schiffsanlegestelle Biggedamm, weiter nordöstlich am Seeufer, gibt es nicht nur den Damm zu sehen. Man kann auch in einem Leuchtturmrestaurant speisen und mit dem Bähnchen »Biggolino« bis zur Attahöhle nach Attendorn fahren, Infos: www.leuchtturm-am-see.de; www.biggolino.de.

75__Das doppelte Helmeringhausen

... im grünen Sauerland und in der staubigen Wüste Namibias

Helmeringhausen, seit 1975 Teil der Stadt Olsberg, ist ein hübsches, ruhiges Dorf abseits der Hauptstraßen, inmitten der grünen Hügel des Sauerlandes. Rund um die Kirche gruppieren sich etwa 80 Häuser. Auf der Wiese stehen als poetische Farbtupfer bemalte Stühle – die jährliche Kindergarten-Kunstaktion. Die Menschen sind freundlich; alles geht seinen Gang.

Nichts deutet hier darauf hin, dass es am anderen Ende der Welt, in Afrika, auch ein Helmeringhausen gibt: Es liegt im südlichen Namibia, an einer Straßenkreuzung auf dem Weg zur Küste nach Lüderitz. Die Orte könnten kaum unterschiedlicher sein: Wenn im Sauerland weihnachtlich Schnee fällt, herrschen in Namibia 30 Grad. Helmeringhausen liegt dort in flacher, staubiger Wüste, wo es nichts gibt außer einzelnen Bäumen und höchstens zehn Häusern. Trotzdem ist mitunter mehr los als im Sauerland, denn hier wird gern Rast gemacht auf den langen Fahrten durch das trockene Land. Man kann tanken und sich im Geschäft »Helmeringwinkel« neuen Reiseproviant besorgen. Dann sind da noch ein nettes Hotel, ein Landwirtschaftsmuseum mit malerisch verrosteten Geräten und eine Farm.

Das namibische Helmeringhausen wurde – man ahnt es – in der deutschen Kolonialzeit gegründet, und zwar 1919 vom Schutztruppensoldaten Hubert Hester, der tatsächlich 1908 aus dem sauerländischen Helmeringhausen ausgewandert war. Auf seiner Farm gab es Kühe und Schafe. Er selbst und seine Nachfahren besuchten später auch wieder die alte Sauerländer Heimat; sein Grab aber liegt in Helmeringhausen/Namibia. Noch heute bestehen gute Verbindungen zwischen beiden Dörfern; man kennt sich und besucht sich; 2008 gab es eine Ausstellung, und es wird darüber nachgedacht, im sauerländischen Dorf eine Tafel aufzustellen, die auf diese kuriose Doppelung hinweist.

Adresse 59939 Olsberg-Helmeringhausen | **ÖPNV** Olsberg Bahnhof, Bus 453, Haltestelle Helmeringhausen | **Anfahrt** von der L 743 auf Bruchstraße abbiegen, die später zur Biggestraße wird, immer geradeaus bis Helmeringhausen | **Tipp** Ortsheimatpfleger Wendelin Hester (tatsächlich mit dem namibischen Ortsgründer verwandt) hat im Dorf ein Heimatstübchen eingerichtet; Besichtigung nach Anmeldung. Infos: www.helmeringhausen.de/helmeringhausen/heimatstuebchen/index.html

76__ Die Feuereiche

Am Anfang war das Feuer …

Wenn Sie sich aufmachen zur Feuereiche, ein Stück abseits der L 743 zwischen Brilon-Wald und Olsberg-Elleringhausen gelegen: Rechnen Sie nicht mit einer stattlichen Eiche samt ausladender Baumkrone. Auch ist sie kein verkohlter Eichenstumpf, Überbleibsel und mahnende Erinnerung an einen Waldbrand. Stattdessen steht am Schnittpunkt vieler Wanderwege ein totempfahlähnliches, zehn Meter hohes, vom Informations- und Demonstrationszentrum Erneuerbare Energien in Olsberg errichtetes Gebilde mit einer Art Baumkrone ohne Blätter, über das man sich entweder wundern, mit Hilfe der Schautafeln informieren oder es zunächst mal auf sich wirken lassen kann. Wir empfehlen Letzteres.

Die in den Stamm geschnitzten Motive beeindrucken: Keltische Spiralen, Urmenschen am Feuer, schindelgedeckte Häuser, Krieger in Rüstungen, Waffenschmiede, ein Waldgebiet mit See, ein Sensenmann und vieles mehr winden sich den Stamm hinauf bis zu den Titanflammen in der Baumkrone. Sogar eine Eule sitzt auf einem Aststumpf dicht unter den Flammen, die per Solaranlage im Dunkeln zum Leuchten gebracht werden.

Die Feuereiche erzählt von der Entwicklung der Menschheit, an deren Anfang das Feuer stand: Es gab den Menschen Wärme und Licht, schützte vor wilden Tieren und half bei der Speisenzubereitung. Holz nährte das Feuer, es diente dem Hausbau, und die Entwicklung von Holzkohle ermöglichte die hohen Temperaturen für Schmiedefeuer, Keramikbrennerei und Glasproduktion. Doch die Feuereiche berichtet zudem von den Schattenseiten: Das Schmiedefeuer schuf auch Waffen, »Hexen« wurden verbrannt, und Wald wird bis heute per Brandrodung vernichtet. Der Sensenmann warnt vor den vernichtenden Folgen, und die Eule, Symbol der Weisheit, mahnt einen vernünftigen Umgang mit der Natur an. Diese ist Lebensgarant und darf nicht durch Missbrauch zerstört werden. Am Anfang war das Feuer … hoffentlich wird es nicht das Ende sein.

Adresse Elleringhauser Straße, 59939 Olsberg | **ÖPNV** im Sommer WRB 1, Haltestelle Feuereiche, Infos: www.wandertaxibus.de | **Anfahrt** hinter Bestwig von der B 7 auf die L 743 Richtung Olsberg, der Straße folgen, Elleringhausen und die Bruchhauser Steine passieren, nach mehreren Kurven linker Hand | **Tipp** Ein Stück zurück Richtung Olsberg liegen die berühmten Bruchhauser Steine, eine bizarre Felsformation auf dem Istenberg.

77___Der Kneippbrunnen
Lieber noch mal nachtreten

Olsberg ist Kneippkurort mit über 100-jähriger Tradition. Klar, dass die Stadt dem Namenspatron der Kneippmedizin ein Denkmal gesetzt hat. Und was ist angemessener als ein Brunnen, schließlich basiert die Kneipp'sche Therapie vornehmlich auf Wasseranwendungen, Pflanzenwirkstoffen und entsprechenden Bewegungs- und Ernährungslehren.

Sebastian Kneipp (1821–1897) stammte aus armen Verhältnissen. Ein Verwandter finanzierte das Theologiestudium; ein Bekannter brachte ihm die Pflanzenheilkunde nahe. Sein Initialerlebnis hatte Kneipp 1849: An Tuberkulose erkrankt, stieß er auf Johann Siegmund Hahns Buch »Unterricht von der Heilkraft des frischen Wassers«. Davon inspiriert, nahm er mehrere kurze Bäder in der eisigen Donau – und gesundete. Die täglichen Wasseranwendungen behielt er bei und behandelte heimlich seine ebenfalls erkrankten Kommilitonen. Kneipp vertiefte sich in die Studien über Wasseranwendungen und traf auf den Verein der Wasserfreunde. Inzwischen war er Priester, was ihn nicht von seinen Behandlungen abhielt. Mehrmals wurde er der Kurpfuscherei angeklagt, und einmal wurde eine Unterlassungserklärung gegen ihn erwirkt. Trotzdem behandelte er 1854 42 Cholerapatienten während einer Epidemie – und war fortan der Cholerakaplan. 1855 wurde er Beichtvater in Wörishofen – das mit dem neuen Bewohner zum Bad und ersten Kneippkurort avancierte. Der Rest ist Geschichte.

Wer nicht so weit reisen möchte, kommt nach Olsberg. Ob Wassertreten, Wassergüsse, Ernährungs- und Bewegungstherapien oder Veranstaltungen des Olsberger Kneippvereins – hier wird Kneipps Lehre gelebt und alles darangesetzt, die Menschen gesund zu erhalten. Denn so, das wusste schon Kneipp, »bliebe ihnen die Hälfte der Krankheiten erspart«. Kneippbrunnen gibt es viele, darunter den in Bad Wörishofen. Doch keiner mutet so liebevoll-charmant an wie der 1996 von Roland Bongert ausgeführte Bronzebrunnen in Olsberg.

Adresse Markt, Ecke Bahnhofstraße, 59939 Olsberg | **ÖPNV** Bus 349, 350, Haltestelle Bahnhofstraße | **Anfahrt** A 46, Abfahrt Bestwig, B 7 circa 7 Kilometer folgen, rechts auf Hauptstraße/L 743 bis zur Bahnhofstraße, der Brunnen steht rechts auf einem kleinen Platz | **Tipp** Auf dem 42 Kilometer langen Kneippweg können Sie in Tretbecken und Co. – allein oder unter Anleitung – die Wirkung von Wasser und Wandern erfahren, Infos: www.olsberg.de. Zum Übernachten empfiehlt sich die freundliche Pension Coerdt, Infos: www.pension-coerdt.de.

78_ Die Loopingrutsche

Erste ihrer Art in Deutschland

Bei Achterbahnen und Wasserrutschen bauen Ingenieure alles, was gerade noch zumutbar ist, aber einen Höllenspaß bereitet. Nun also Looping-Wasserrutschen. Geht das überhaupt? Ja – aber. Denn für einen richtigen, senkrechten Looping reicht die Geschwindigkeit beim Rutschen nicht aus; man würde am Scheitelpunkt herunterfallen. Überhaupt wäre die Verletzungsgefahr zu hoch. Was aber geht, ist ein etwas abgeflachter Looping – und genau den hat man 2008 in Plettenberg gebaut, als ersten in Deutschland und zweiten weltweit. Der erste war kurz zuvor in Slowenien eröffnet worden. Dort steht man auf einer Falltür, die auf Knopfdruck öffnet und einen im freien Fall nach unten schickt – denn um so stark zu beschleunigen, dass man durch den Looping kommt, muss es senkrecht bergab gehen.

Eine Falltür hat die Plettenberger Rutsche zum Glück nicht, aber auch so ist der Start respekteinflößend. Beim Drehkreuz am Einstieg wird das mulmige Gefühl durch das Warnschild nicht besser: Unter 40 oder über 100 Kilogramm darf man nicht wiegen, und: »Orientierungsverlust ist möglich.« Es geht zwölf Meter steil nach unten – ein schlimmer Anblick, von außen hatte das harmloser ausgesehen. Beruhigend jedoch: »Wird der Looping nicht geschafft, bitte Ruhe bewahren! Hilfe kommt.« Wer nämlich aus dem Looping zurückrutscht und festhängt, gelangt durch eine Notklappe nach draußen. Am Ende dauert es aber nur knapp sechs Sekunden, und die 80 Meter lange, gelbe Röhre ist gemeistert. Sie bekommt zu Recht Bestnoten von den vielen Rutsch-Enthusiasten, die schon nach Plettenberg gereist sind.

Die nächsten Rutsch-Attraktionen – diesmal auch mit Falltür – stehen schon parat. Natürlich kann man hier aber nicht nur rutschen, denn es gibt auch sonst alles: von der großzügigen SAUNA- und RELAXwelt mit Salztherapie bis zum Piratenschiff für Kinder und sogar gemütliches Seniorenschwimmen mit Aquagymnastik, Kaffee und Kuchen.

Adresse AquaMagis, Böddinghauser Feld 1, 58840 Plettenberg-Böddinghausen | **ÖPNV** Plettenberg Bahnhof, Bus 75, Haltestelle AquaMagis | **Anfahrt** A 45, Abfahrt Lüdenscheid, auf B 229 nach Werdohl fahren, dort auf B 236 nach Plettenberg, der Beschilderung »AquaMagis« folgen | **Öffnungszeiten** Erlebnisbad: Mo–Do 9–22, Fr, Sa, vor Feiertagen 9–23 Uhr, So, feiertags 9–21 Uhr, Infos: www.aquamagis.de | **Tipp** Wer sich außer im Wasser auch noch an Land bewegen möchte, wandere hinauf zur Burgruine Schwarzenberg auf einem Felsen über der Stadt. Von der um 1300 erbauten Burg, die im 19. Jahrhundert abbrannte, sind unter anderem noch ein Brunnen, Teile des Bergfriedes und eine Außentoilette zu sehen.

79__Die Spitze Warte

Windkraft gestern und heute

In Südwestfalen liegt nicht nur das Rothaargebirge, sondern auch der Haarstrang. Beides sind Höhenzüge (was das Wort »Haar« auch bedeutet); der Haarstrang ist der niedrigere: Die Spitze Warte am östlichen Ende ist mit 391 Metern die höchste Erhebung. Von hier aus schweift der Blick weit nach Norden Richtung Teutoburger Wald (mit Hermannsdenkmal) und nach Süden ins Sauerland. Natürlich sieht man auch die Stadt Rüthen mit Stadtmauer, Kirchen und Wasserturm.

Die exponierte, aber nicht allzu hohe Lage der Hügel des Haarstrangs wurde schon früher zu verschiedenen Zwecken genutzt: In der Nähe, auf der etwas niedrigeren Stumpfen Warte, stand im 19. Jahrhundert eine Station der Königlich-Preußischen Optischen Telegraphenlinie zwischen Berlin und Koblenz. Auf der Spitzen Warte gab es früher eine Umspannstation für Postkutschen, und seit rund 160 Jahren steht dort eine Windmühle, deren Betrieb aber schon vor 100 Jahren eingestellt wurde. Zwar drehen sich keine Flügel mehr, aber seit Neuestem haben die Besitzer des nahen Hotel-Restaurants »Spitze Warte«, die die Mühle 2004 für den symbolischen Betrag von einem Euro vom Kreis Soest kauften, das Gebäude wieder instand gesetzt und einen Veranstaltungsraum nebst Terrasse und Küche darin eingerichtet. Kuchen, etwas Deftiges, einen Biergarten und eine Unterkunft bekommt man nach wie vor im Haupthaus des Hotels.

In Sichtweite der alten Windmühle stehen schon die Vertreter der neuen Windkraft: jede Menge Windräder. Hier am Haarstrang befindet sich angeblich die größte Ansammlung von Windrädern im europäischen Binnenland. Der Wind pfeift hier in besonders günstiger Weise über die Ebenen und Höhen und liefert viel Energie. Allein auf Rüthener Stadtgebiet stehen 34 Anlagen; neue sollen noch hinzukommen. Auf den Ackerflächen entlang der A 44 sind es noch viel mehr – im ganzen Kreis Soest sollen es etwa 270 Windräder sein.

Adresse Spitze Warte, 59602 Rüthen-Hemmern | **ÖPNV** Lippstadt Bahnhof, Bus R62 nach Rüthen-Oestereiden Mitte, dann Bus 673, Haltestelle Spitze Warte | **Anfahrt** A 44, Abfahrt Erwitte/Anröchte, auf B 55, links auf K 8, rechts auf L 735, links auf Meister Weg, direkt auf die Spitze Warte zu | **Öffnungszeiten** Infos Hotel-Restaurant: www.spitze-warte.de | **Tipp** Der von der Spitzen Warte aus sichtbare, 35 Meter hohe Wasserturm in der Rüthener Oberstadt kann, anders als die Windmühle, bestiegen werden und bietet einen schönen Fernblick, Infos: www.ruethen.de.

80_ Der Haferkasten

Ein hübsches Zeugnis bäuerlicher Kultur

Ein Haferkasten ist ein für den Märkischen Kreis typisches Gebäude – fast alle noch erhaltenen Haferkästen befinden sich hier oder im benachbarten Ennepe-Ruhr-Kreis. Wie der Name schon sagt, war ein Haferkasten eine Art Getreidespeicher, ein kleines Häuschen, in dem Getreide und Saatgut gelagert wurden, vor allem vom 15. bis 18. Jahrhundert. In ähnlicher Form gibt es so etwas auch zum Beispiel in Bayern oder Österreich.

Der Heedfelder Haferkasten steht unter Bäumen, direkt an der Kirche des Örtchens, die ebenfalls sehenswert ist: 1720 erbaut, ist sie mit ihrem weißen Putz, den schlichten Fenstern und dem Spitzhelm genauso typisch für die Gegend. Der Haferkasten, ein sogenannter Eckpfostentyp, stammt aus dem Jahr 1742, vom Hof Bewerunge in Kuhlenkeppig bei Heedfeld. Über der Tür liest man die geschnitzte Inschrift »Diederich Grose von Haste und seine Ehehausfrau Anne Elibet von Hefeld Anno 1742 den 18. October«. Der Verein für Geschichte und Heimatpflege der Gemeinde Schalksmühle restaurierte das Häuschen und stellte es 1983 neben der Kirche auf.

Ein ähnlicher Kornkasten steht in der Nähe, am restaurierten märkischen Bauernhaus Wippekühl, das auch einen Besuch lohnt. Der Hof, 1600 erbaut und fast unverändert erhalten, steht hoch auf einem Berg mit schönem Ausblick auf Schalksmühle. Er ist nur an bestimmten Tagen und bei Veranstaltungen geöffnet, aber schon im Außenbereich gibt es zahlreiche alte Landmaschinen zu sehen, die einen guten Eindruck des bäuerlichen Lebens im Märkischen vermitteln. Der Haferkasten, der hier im Jahr 2000 aufgestellt wurde, ist ein Nachbau eines Kastens vom Gehöft Worth, das 1995 abgebrochen wurde.

Weitere märkische Kornkästen gibt es in Schalksmühle-Reeswinkel, an der Löhrmühle in Halver und in Werdohl-Pungelscheid – dort ist es ein Haferkasten aus Fachwerk.

IOHANNES·DIEDERICH·DROSE
VON·HASTE·UND·SEINE·EHE·HAUS·
FRAU·ANNA·ELIBET·VON·HESELD·
ANNO 1792 DEN 8 OCTOBER·

Adresse Heedfeld 2 (an der evangelischen Kirche), 58579 Schalksmühle-Heedfeld | **ÖPNV** Schalksmühle Bahnhof, zu Fuß zum Rathausplatz, Bus 87 nach Heedfeld | **Anfahrt** A 45, Abfahrt Lüdenscheid-Nord, rechts Richtung Schalksmühle, an der nächsten großen Kreuzung wieder rechts, in Heedfeld kurz vor der Fußgängerampel links | **Tipp** Ganz in der Nähe, auf einem der vielen Hügel Schalksmühles, liegt das Restaurant »Haus im Dahl«, das für seine Wildgerichte und andere regionale Spezialitäten bekannt ist, Infos: www.haus-im-dahl.de.

81 Das Kiepenlisettken

»Witten Tweeirn, schwatten Tweeirn …« frei Haus

Wer in Schalksmühle zum Rathaus geht, kommt am Kiepenlisettken vorbei. Das ist nicht etwa die Empfangsdame vom Amt, aber dennoch eine Dame mit Tradition: Als eine der wenigen Frauen war das Kiepenlisettken im Wanderhandel tätig. Mit rund zwei Dutzend »Kolleginnen« und »Kollegen« wie dem Reisigbesen verkaufenden »Besmen-August«, dem »Kappen-Dahl« mit seinen Kappen, Stöcken und Schirmen oder der »Stuten-Marle«, die Backwaren anbot, versorgte sie so die Bevölkerung im Märkischen mit Waren für den täglichen Bedarf.

Geboren am 26. Januar 1845 in Kierspe unter dem Namen Lisette Buschhaus, war sie eine verheiratete Cramer und machte diesem Namen alle Ehre: Die vollgepackte Kiepe auf dem Rücken, zog das Kiepenlisettken alle vier Wochen von Halver aus über die Höfe und von Ort zu Ort. Mit dem Spruch »Witten Tweeirn, schwatten Tweeirn, witten Posselin, Hiemmetsknöipe … witten Piapper, schwatten Piapper, geschaotene Nüötte, Blaume, Zaffraohn, Stoppnaoteln, Nägenaoteln, Knoupsnaoteln!« bot sie vor allem Näh-, Strick- und Stickgarn, Knöpfe und Gewürze feil. Und die Landbewohner waren dankbar, denn Krämerläden waren rar in der Gegend, die Menschen also angewiesen auf die Lieferung frei Haus. Wie dankbar mussten da erst die Schalksmühler und Halveraner Soldaten gewesen sein, denen das Kiepenlisettken Pakete und Briefe aus der Heimat bis nach Mainz, Frankfurt und Einbeck brachte – zu Fuß!

Für ihren treuen Einsatz und ihr sympathisches Wesen war das Kiepenlisettken bekannt und beliebt. Die Schalksmühler setzten der am 1. Mai 1907 verstorbenen Handelsfrau ein Denkmal: Zur Einweihung des neuen Rathauses erschuf der Kiersper Bildhauer Waldemar Wien die lebensgroße Bronzefigur des Kiepenlisettkens. Hier, auf dem Rathausplatz, erinnert es nun an den alten Wanderhandel – und wirft dabei gleichzeitig ein Auge auf den Schalksmühler Wochenmarkt.

Adresse Rathausplatz, 58579 Schalksmühle | **ÖPNV** Regionalbus 57, 85, 86, 87, Stadtbus 88, 89, N4, BB Schalksmühle 1, 2, 3, 4, 5, Haltestelle Rathausplatz | **Anfahrt** A 45, Abfahrt Lüdenscheid-Nord Richtung Altena/Schalksmühle, auf L 692, rechts auf Heedfelder Straße/L 561, links auf Klagebach/K 36, links auf Volmestraße/B 54, 1. rechts auf Bahnhofstraße, der Rathausplatz liegt rechts | **Tipp** Wer seinen Gaumen mit etwas Exotik kitzeln möchte, sollte donnerstags zum Markt auf dem Rathausplatz gehen und beim Imbissstand von Thomas Nölling die Bratwurst mit Curry-Zimt-Soße probieren.

82 Die Besteckfabrik Hesse

Den Löffel abgeben auf Sauerländisch

Die Region vom Märkischen bis ins Sauer- und Siegerland gilt als Wiege der europäischen Industrialisierung, gab es hier doch alle nötigen Voraussetzungen: Rohstoff aus den Böden und Flüsse, um die Mühlräder anzutreiben. Auch in Fleckenberg gab es einst ein Mühlrad, das vom Lennewasser angetrieben wurde und für die nötige Energie in einem Hammer sorgte. 1865 errichteten die Gebrüder Siepe für ihre Wollspinnerei an gleicher Stelle einen Neubau, den heute noch beeindruckenden Fachwerkbau aus Naturstein mit großen Fenstern, aus denen man in die idyllische Lennelandschaft blickt.

Von 1938 bis 1982 produzierte die Carl Hesse KG hier Essbestecke und Vorlegegarnituren – in gekonnter Handarbeit und inzwischen unterstützt von der Turbine im Erdgeschoss. 28 verschiedene Bestecke wurden hier einst von rund 40 Beschäftigten hergestellt, doch mit der Konkurrenz aus Ostasien kam das Aus. Dank des Einsatzes des Heimatvereins ist seit 2000 ein Stück Sauerländer Industriegeschichte wiedererwacht. An historischer Stätte, inmitten der Originalausstattung, zeigen ehemalige Mitarbeiter, wie ein Kaffeelöffel-Rohling versandfertig wird.

Aus rostfreiem Eisenblech, das die Fabrik aus Solingen bezog, werden flache Rohlinge gestanzt, die noch wenig gemein haben mit einem Löffel. Auf einer Exzenterpresse wird der Löffel oval geschnitten, eine sogenannte 60-Tonnen-Spindelpresse sorgt für die Wölbung der Kelle. Auf der Stempelpresse wird alles Wissenswerte zu Ort und Qualität eingeprägt, früher las man »Besteckfabrik Fleckenberg«, heute »Technisches Museum Fleckenberg«, rostfrei sind beide. Und da das Auge mitisst, sorgt eine 90-Tonnen-Spindelpresse für ein hübsches Muster am Griff. Im Anschluss werden die Löffel geschliffen, poliert und verpackt, allesamt Stationen, die man im charmanten Museum besichtigen kann. Wie urteilte ein Gast so schön: »Bevor man den Löffel abgeben muss, sollte man hier gewesen sein.«

Adresse Wiesenstraße 11, 57392 Schmallenberg-Fleckenberg (Navigationsgerät: Wiesenstraße 1) | **ÖPNV** Bus SB 9, Haltestelle Mitteldorf, Schmallenberg-Fleckenberg, circa 5 Minuten Fußweg | **Anfahrt** aus Lennestadt über die B 236 Richtung Schmallenberg, in Fleckenberg links auf Wiesenstraße | **Öffnungszeiten** ganzjährig Sa 15–17 Uhr, Vorführungen 15.15 und 16.15 Uhr; zusätzlich April–Okt. Mo 15–17 Uhr, Vorführungen 15.15 und 16.15 Uhr, Mi 10–12 Uhr, Vorführungen 10.15 und 11.15 Uhr, Sonderführungen unter Tel. 02972/6396 | **Tipp** Nach dem Museum sollten Sie einen Spaziergang durch das Bundesgolddorf Fleckenberg machen. Hier gibt es auch diverse Einkehrmöglichkeiten.

83_Der Gipfel des Wilzenbergs

Der heilige Berg der Sauerländer

Die heiligen Berge der Welt sind oft markant geformt. Auch der 658 Meter hohe, bewaldete Wilzenberg steht allein, wie ein Kegel in der Landschaft. Vielleicht wurde er ja deshalb zu einer bedeutenden Wallfahrtsstätte.

Besiedelt war er schon früh: Man fand ganz oben die Reste von zwei ineinandergebauten Wallburgen. Die größere stammt aus der Eisenzeit, zwei Jahrhunderte vor Christi Geburt. Schon damals wurde hier den Göttern geopfert, denn man fand entsprechend präparierte Waffen. Die kleinere Burg ist aus dem 9./10. Jahrhundert. Viele Sagen ranken sich um die angeblichen Bewohner – Adlige, die mit dem nahen Kloster Grafschaft in Verbindung standen.

Das Kloster war es auch, das den Wilzenberg um 1500 zum christlichen Wallfahrtsort machte. Die erste Kapelle wurde 1543 erwähnt. 1632, im Dreißigjährigen Krieg, baute Abt Schaffen eine neue, Maria geweihte Kapelle und errichtete auf dem Berggipfel ein großes Kreuz. 1773 entstand die heutige Kapelle mit ihrer barocken Ausstattung. Auch heute finden über den nahen Kreuzweg zahlreiche Wallfahrten und Prozessionen dorthin statt, vor allem am Dreifaltigkeitssonntag oder an Christi Himmelfahrt.

Wer – vorzugsweise ganz einsam – am Gipfel aus dem dunklen Wald auf die Lichtung tritt, wird von einer spirituellen Stimmung ergriffen. Diese alte heilige Stätte, die so viele Pilgerströme sah, hat im menschenleeren Zustand eine starke Wirkung – unter anderem durch drei Kreuze mit etwa lebensgroßen Figuren aus Holz, die still neben der Kapelle im Wald stehen. Dahinter ragt das in seiner Höhe von 28 Metern fast unheimliche Kreuz empor, das 1972 an die Stelle des alten gesetzt wurde. Ganz oben auf dem Gipfel, hinter dem Kreuzweg, steht der eiserne, grün gestrichene Aussichtsturm von 1889, der 1989 von zehn auf 17 Meter erhöht wurde. Von hier aus blickt man weit über das Rothaargebirge. Trotz der geringen Höhe ist der Aufstieg aber nur Schwindelfreien zu empfehlen …

Adresse Wilzenberg, 57392 Schmallenberg-Grafschaft | **ÖPNV** Lennestadt-Altenhundem Bahnhof, Bus SB 9 nach Schmallenberg, dann Bus S40, Haltestelle Grafschaft Kirche, Fußweg | **Anfahrt** in Schmallenberg-Grafschaft die Straße Am Wilzenberg hochfahren, rechts ab bis zum Wanderparkplatz, ausgeschildertem Wanderweg folgen (es gibt mehrere Möglichkeiten), der Turm liegt circa 200 Meter hinter der Kapelle | **Tipp** Mehr über die christliche Geschichte der Region erfährt man im Klostermuseum des Klosters Grafschaft, 1072 gegründet, 1729 im Barockstil neu gebaut und heute ein Krankenhaus, Infos: www.krankenhaus-klostergrafschaft.de/klostermuseum.

84__ Der Heilstollen Nordenau

»Es hilft – wie auch immer«

1860 erstmals erwähnt, ist der Schieferstollen seit 1880 im Besitz der Familie Tommes. Diese betreibt hier schon lange ein Hotel; das Sauerland ist schließlich eine schöne Gegend, in der es sich Touristen gut gehen lassen. Zum Beispiel bei einem Glas Wein. Diesen lagerten die Tommes' im alten Schieferstollen, bis 1992 dessen Energiefeld entdeckt wurde. Seitdem lassen sich die Gäste statt Wein lieber ein Gläschen Stollenwasser munden – und zwar gleich im Stollen selbst.

Es ist kein Hokuspokus und auch keine mystische Reaktion, sondern ein physikalisches Phänomen, allerdings ein bislang unerklärtes. Studien belegen jedoch die positive Wirkung des Wassers und regelmäßiger Stollengänge. Im Stollen herrschen eine konstante Temperatur von acht Grad Celsius und fast 100 Prozent Luftfeuchtigkeit. Er ist nahezu pollenfrei und deshalb besonders bei Atemwegserkrankungen wohltuend. Auch bei anderen Krankheiten blieb der Stollenbesuch nicht ohne Folgen: Hunderte Besucher schrieben an Besitzer Theo Tommes, dass ihre Tumore verkleinert, Schuppenflechte, Neurodermitis, Rheuma oder Migräne besiegt und Schmerzen gelindert, wenn nicht sogar geheilt seien.

Doch was hat es mit dem Stollenwasser auf sich? Es ist reduziertes Wasser, das – in aller Kürze – freie Radikale binden kann. Dies sind hochaggressive Moleküle, die bei Abwehrreaktionen im Körper entstehen und andere Zellen angreifen – wenn sie nicht vorher durch reduziertes Wasser neutralisiert werden. Krankheiten werden vermieden oder geheilt, und der Alterung wird vorgebeugt.

Das Wunder spricht sich herum – weltweit, und so sitzen Spanier neben Japanern neben Deutschen neben Südamerikanern in Decken gekuschelt und lassen den Stollen auf sich wirken, während die hilfsbereiten Stollenführer ihnen das Wunderwasser reichen und die mitgebrachten Kanister und Flaschen auffüllen. Für viele Gäste bleibt es nicht beim einmaligen Stollengang, denn: »Es hilft – wie auch immer«, urteilte ein Besucher.

Adresse Heilstollenweg 9, 57392 Schmallenberg-Nordenau | **ÖPNV** Bus S40, Haltestelle Zum Stollen, circa 5 Minuten Fußweg | **Anfahrt** aus Lennestadt über die B 236 Richtung Schmallenberg, in Oberkirchen links halten auf Lennestraße/L 640, nach circa 2 Kilometern links auf K 18, nach 3,5 Kilometern rechts auf Am Brandenholz, weiter auf Heilstollenweg | **Öffnungszeiten** täglich 8–18.30 Uhr, Einlass alle 30 Minuten jeweils 50 Personen, Infos: Tel. 02975/96220, www.stollen-nordenau.de | **Tipp** Wenn Sie den Stollen zu Therapiezwecken besuchen, setzen Sie Medikamente nicht eigenmächtig ab. Ebenfalls in Nordenau befindet sich die Ruine der Burg Rappelstein auf dem gleichnamigen Felsen.

85 Der Hexenplatz

»Krötenbein und Mäuseblut …«

Schon auf alten Karten war diese Talsenke in der Nähe von Schmallenberg-Oberkirchen als »Hexenplatz« verzeichnet. Vielleicht wurden auf der einsamen Waldlichtung früher wirklich Hexenverhöre durchgeführt. Fest steht, dass es in Oberkirchen tatsächlich Hexenprozesse gab – die meisten im Jahr 1630, als 65 angebliche Hexen, darunter auch Kinder, verbrannt wurden. Oft wurden sie auch an der nahen Galgenstätte hingerichtet.

Die Aktionskünstlerin Lili Fischer, die sich gern mit der Verbindung zwischen Natur und Mystik beschäftigt, machte sich dieses Wissen zunutze und gestaltete den Hexenplatz als Gesamtkunstwerk so, dass man auf anschauliche Weise (und auf gruselige, wenn man allein dort ist …) an die Hexenzeit gemahnt wird. Allerlei Gerät vermittelt den Eindruck, hier seien noch Hexen am Werk: Um einen riesigen Kupferkessel (2,50 Meter Durchmesser) herum stehen 13 aufgeklappte Zauberbücher aus Steingut mit Darstellungen typischer Hexentiere wie Ratten, Kröten und Schlangen. Aus dem Waldboden herausragende Ofenrohre suggerieren, dass da noch Hexen in ihren unterirdischen Behausungen wohnen.

Am »Verhörplatz« sind hingegen – auch zur Mahnung – auf Tafeln Folter- und Prozessprotokolle nachzulesen sowie eine Abrechnung über die Kosten eines Prozesses – inklusive »Den Verurteilten in 4 Teile zerlegen: 6 Taler«. Damals waren Hexen Sündenböcke für alles Mögliche. Das brachte Lili Fischer in ihre unterhaltsame Performance »teuffelsdanz« zur Einweihung des Platzes am 26. September 2003 mit ein: »Ernte schlecht / krank der Knecht / Milch verdorben / Kuh gestorben / Bier vergoren / Kind verloren …«. Zusammen mit »Lernhexen« tanzte sie um den Kupferkessel herum, stellte »Flugsalbe« her und sprach uralte Zaubersprüche.

Zum zehnjährigen Bestehen des WaldSkulpturenWeges, dessen Teil der Hexenplatz ist, wurde der »teuffelsdanz« noch einmal aufgeführt.

Adresse Zur Lüttmecke, 57392 Schmallenberg-Oberkirchen | **Anfahrt** von Schmallenberg aus über Grafschaft die K 17 fahren bis zum Wanderparkplatz Almert, von wo aus der Hexenplatz ausgeschildert ist – circa 20 Minuten Fußweg | **Tipp** Wer gern mehr Kunst mit Verbindung zu Südwestfalen sehen, sich dabei aber nicht dem Wetter aussetzen möchte, fahre ins Schieferbergbau- und Heimatmuseum in Schmallenberg-Holthausen: Hier gibt es nicht nur viele Exponate zum Schieferbergbau, zu Natur und Volkskunde, sondern auch die »Südwestfälische Galerie« mit Werken heimischer Künstler, Infos: www.suedwestfaelische-galerie.de.

86__Jochen Gerz' »Der Wettbewerb«

Über den Berg und zurück

Ein Blick auf die Karte zeigt: Einem scheinbar unüberwindbaren Hindernis gleich liegt das Rothaargebirge zwischen Schmallenberg im Norden und Bad Berleburg im Süden. Kaum kennen sich die Bewohner beider Städte, lange wollten sie es auch nicht, sondern hegten und pflegten ihre über Jahrhunderte aufgebauten Ressentiments, die sich in Ablehnung, bestenfalls in Gleichgültigkeit ausdrückten.

Mit dem WaldSkulpturenWeg sollte ein »ideeller und optischer Brückenschlag« zwischen den geografisch so nahen, gesellschaftlich aber so fernen Gemeinden geschaffen werden; sie sollten – je nach Perspektive – Ausgangs- oder Endpunkt des Weges sein. Konzeptkünstler Jochen Gerz gestaltete diese Stationen 2002/04. Er bat die Bewohner beider Städte, einen Brief über ihre Assoziationen zum Heimat-Begriff zu schreiben. Und die Bürger schrieben: davon, wie sehr sie sich wohlfühlen; dass sie hier leben, weil sie hier geboren sind; dass sie aus beruflichen oder aus gesundheitlichen Gründen herkamen; über die Sauerländer Art und auch darüber, dass sie das Geld für das Kunstprojekt lieber in ihre kaputten Straßen investiert sähen.

Jeweils 71 Briefe wurden auf rote Schilder gedruckt und vor den Häusern der Briefeschreiber in der jeweils anderen Stadt zufällig angeordnet. Und es kam Bewegung in die rivalisierenden Bewohner: äußerlich, indem die Verfasser in den anderen Ort reisen mussten, um ihre Briefe zu finden; innerlich, indem sie im eigenen Ort vom Leben, von den Gefühlen, Ängsten und Träumen der anderen lasen – und dabei feststellten, dass sie einander gar nicht so fremd waren. Gerz selbst beschreibt es so: »Jeder Brief ist ein Brief an sich selbst, er ist an den anderen Ort adressiert.« Was widersprüchlich klingt, ist es nicht, denn indem jeder in einem offenen Brief an sich selbst über seine Meinung und Gefühle schreibt, öffnet er sich dem anderen, schafft eine Verbindung – die quasi Berge versetzt.

Adresse zum Beispiel Kirchstraße, 57392 Schmallenberg-Oberkirchen | **Anfahrt** aus Lennestadt über die B 236 circa 20 Kilometer Richtung Schmallenberg, links auf An der Gleier/B 511, rechts auf Holthauser Straße, rechts halten auf Zur Schiefergrube, links auf Hochstraße, 1. links auf Kirchstraße | **Tipp** Zum WaldSkulpturenWeg gehört beispielsweise auch der Hexenplatz (siehe Seite 178), Infos: www.waldskulpturenweg.de.

87__Die Kunstschmiede

Kunsthandwerk und Kaffee in der »Schwarzen Fabrik«

Wie so oft in Südwestfalen steht in einem idyllischen Flusstal – in diesem Fall dem Lennetal – eine Fabrik. Doch in dieser Fabrik, zwischen Oberkirchen und Inderlenne, wird nichts am Fließband produziert: Seit 1974 ist sie eine Kunstschmiede und darüber hinaus ein Ort mit ganz eigenem Charme – schließlich wirken solche alten Fabrikgebäude mit ihren warm leuchtenden Backsteinmauern im 21. Jahrhundert sehr malerisch auf uns.

Überall in der Gegend ist die Fabrik, 1879 von Otto Schütte in Betrieb genommen, noch als »Schwarze Fabrik« bekannt, da sie Kohle herstellte. Diese wurde in den umliegenden Wäldern geköhlert und zu Kohlepulver für die chemische Industrie, zu Holzkohlebriketts für die Deutsche Reichsbahn und zu Holzkohle verarbeitet. Zur Blütezeit der Firma in den 1920er Jahren arbeiteten hier über 100 Menschen. Zeitweise generierte die Fabrik auch selbst Strom, mit Wasserkraft aus der Lenne und eigenen Turbinen. Seit 1998 ist das prächtige alte Industrieensemble aus der frühen Gründerzeit ein Baudenkmal.

Außer den Gebäuden und der schönen Umgebung (das Gelände liegt direkt am Wald) findet man hier eine hübsch gestaltete Außenanlage mit Ausstellungspavillon und Teich, die den Rahmen für die überall aufgestellten Werke der Kunstschmiede bietet: Skulpturen aus Bronze oder Kupfer, Lampen, Brunnen, schmiedeeiserne Geländer und vieles mehr. Die meisten sind käuflich zu erwerben, man kann sie aber auch einfach als Exponate eines Freiluftmuseums betrachten. Kunstschmied Willi Schütte lässt sich auch mal über die Schulter gucken und fertigt alle möglichen Dinge nach individuellen Wünschen an.

Den Kaffee (und große Kuchenstücke) gibt es dann im Schmiedecafé, das außerdem mit einem Außenbereich an der Lenne und einer sehenswerten Toilette aufwartet. In jedem geraden Jahr findet am ersten Adventswochenende ein Weihnachtsmarkt auf dem Gelände statt.

Adresse Lennestraße 8, 57392 Schmallenberg-Oberkirchen | **ÖPNV** Lennestadt-Altenhundem Bahnhof, vom ZOB Bus SB 9 bis Schmallenberg/Habbel, dann Bus S40, Haltestelle Westfeld Kirche, circa 5 Minuten Fußweg | **Anfahrt** A 45, Abfahrt Olpe, B 55 Richtung Lennestadt-Altenhundem, B 236 Richtung Winterberg, Schmallenberg | **Öffnungszeiten** Schmiede Mo–Fr 10–12.30, 14–18 Uhr, Sa 10–12.30 Uhr sowie nach Vereinbarung; Café täglich 11–18 Uhr, Infos: www.kunstschmiede-schuette.de | **Tipp** In Oberkirchen scheint seit Generationen fast jeder »Schütte« zu heißen … Jedenfalls wurde das dortige Landhotel Schütte 1460 von einem gewissen Domius Petrus Schütte als Bauernhof bewirtschaftet. Heute gibt es dort viel Atmosphäre, einen großen Garten mit Schwimmbad und ein Restaurant, Infos: www.hotel-schuette.de.

88_ Der Kyrillpfad

Spaziergang durch ein Trümmerfeld

An so etwas hat Kyrill Genow damals wohl nicht gedacht: Zum 65. Geburtstag sollte er ein nach ihm benanntes Hochdruckgebiet geschenkt bekommen. Leider wurden 2007 nur Tiefs mit Männernamen bezeichnet, und so wurde eben die Kaltfront nach ihm benannt, die Anfang 2007 Deutschland überquerte – und zum ausgewachsenen Orkan wurde.

Am Nachmittag des 18. Januar fegte der Sturm mit Böen von 150 Stundenkilometern über Nordrhein-Westfalen hinweg. Vorkehrungen waren getroffen worden, doch als alles vorbei war, stellte sich heraus, dass die Schäden vor allem in Südwestfalen verheerend waren. In die dicht bewaldeten Hänge des Sauer- und Siegerlandes war der Orkan mit voller Wucht hineingefahren und hatte etwa 25 Millionen Bäume umgerissen – die Hälfte des deutschen Baumschadens. Viele Berge waren komplett entwaldet und sahen mit ihrem Chaos aus entwurzelten oder abgeknickten Bäumen erschütternd aus. Da noch viele Bäume halb umgekippt im Geäst hingen, waren Aufräumarbeiten und Spaziergänge im Wald noch lange gefährlich.

In Schmallenberg-Schanze beschloss man (wie auch andernorts), ein Stück des zerstörten Waldes zu belassen und als »Kyrillpfad« erlebbar zu machen. Dies war eine Aufgabe nach dem Geschmack der zünftig behüteten Rothaarsteig-Ranger, die seit 2003 dort im Einsatz sind. Im Oktober 2007 begannen sie, Holzstege durch den verwüsteten Wald zu bauen und eine Ranger-Station zu errichten. 2008 wurde der Pfad eröffnet, bei dem man nun die Wahl zwischen der 1.000 Meter langen Hauptstrecke und einem 250 Meter langen barrierefreien Pfad hat. Die Besucher balancieren über Bäume vorbei an großen Wurzeltellern, gehen auf Brücken über das Gestrüpp und steigen auf Holzleitern zu Aussichtspunkten hinauf – eine eindrucksvolle Erinnerung an »Kyrill«. Und Kyrill Genow hat den Trost, dass nicht nur ein schrecklicher Orkan, sondern nun auch speziell angelegte Waldpfade seinen Namen tragen …

Adresse Parkplatz: Schanze 1, 57392 Schmallenberg-Schanze | **ÖPNV** Lennestadt/
Altenhundem Bahnhof, Bus SB 9 bis Schmallenberg Kirche, Bus 461 bis Schanze | **Anfahrt** A 45, Abfahrt Olpe, über Lennestadt nach Schmallenberg, von dort nach Osten
auf der K 17 fahren, in Grafschaft nach rechts Richtung Schanze, hier parken und Fußweg
zum linker Hand liegenden Kyrillpfad nehmen | **Tipp** Direkt am Parkplatz liegt das
Gasthaus Bräutigam-Hanses mit Gästezimmern, saisonalen Spezialitäten im Restaurant,
Biergarten und einem alten Backhaus, in dem Brot im Tontopf gebacken wird, Infos:
www.braeutigam-hanses.com.

89_ Die schwarze Hand

Gruselig und mindestens 290 Jahre alt

Den Autorinnen sind Schmallenberger bekannt, die als Kinder nicht schlafen konnten, weil sie einen Blick auf dieses Kuriosum geworfen hatten: die schwarze Hand von Bödefeld. Es handelt sich dabei um eine echte Menschenhand, der Größe nach die Hand eines jungen Mädchens, die zwar schwarz und trocken geworden, aber nicht verwest ist. Sie wird in der Kirche des Ortes, St. Cosmas und Damian, aufbewahrt. Gefunden wurde sie 1722 beim Bau der ursprünglichen Kirche, in einem Sarg. Warum sie mumifiziert war, warum sie vom Körper abgetrennt wurde, und warum man sie so lange aufbewahrte, liegt im Dunkeln. Die Hand ist gleich hinterm Eingangsbereich in einer kleinen verglasten Nische ausgestellt, die auf Hüfthöhe rechts in die Wand eingelassen ist.

Natürlich ranken sich um die Fragen viele Legenden, die auch auf Tafeln in der Kirche erzählt werden. Zwei davon sagen, das betreffende Mädchen habe im Zorn seine Mutter geschlagen. In der ersten Version wurde ihm darum zur Strafe die rechte Hand abgehackt; in der zweiten starb es und wurde neben der Kirche beerdigt, aber seine rechte Hand kam immer wieder aus dem Grab heraus. Der Pfarrer erkannte dies als Warnung an alle Kinder, nie ihre Eltern zu schlagen, schnitt die Hand ab und bewahrte sie als Mahnung auf. In der dritten Geschichte war das Mädchen Opfer eines Mordes. Wie damals üblich, führte man alle mutmaßlichen Täter an das tote Opfer heran (war es schon begraben, nahm man dazu nur die vorher abgetrennte Hand), und wenn es wieder zu bluten anfing, war der Täter überführt.

So könnte es auch hier gewesen sein. Am wahrscheinlichsten ist aber, dass die Hand ein Leibzeichen war, das Beweisstück einer Tötung: Solange der Mörder nicht gefunden war, wurde die Hand aufbewahrt. Da die Bödefelder Hand in einem Sarg lag, dürfte hier der Mord aufgeklärt gewesen sein, denn dann wurde der abgetrennte Körperteil »nachbestattet«.

Adresse Kreuzbergstraße 9, 57392 Schmallenberg-Bödefeld | **ÖPNV** Meschede Bahnhof, Bus S90 bis Haltestelle Bödefeld | **Anfahrt** von Winterberg aus der L 740 folgen, die in Siedlinghausen links nach Bödefeld abzweigt; von Norden die L 742 nehmen und in Siedlinghausen auf die L 740 abbiegen; die Kirche liegt gut sichtbar mitten im Ort | **Öffnungszeiten**: Die Kirchentür ist fast immer geöffnet. | **Tipp** In Bödefeld gibt es ein Erlebnismuseum, in dem man an interaktiven Stationen vieles zu Tieren, Pflanzen und Landschaftswandel in der Region erfährt – von der letzten Eiszeit bis heute, Infos: www.erlebnismuseum-boedefeld.de.

90__ Der Bahnhof Siegen
Siegen 17

Siegen hat bedeutende historische Bauwerke: das Obere und Untere Schloss, die Martinikirche aus dem 11., die Nikolaikirche aus dem 13. Jahrhundert samt Siegener Wahrzeichen, dem »Krönchen«, und schließlich das Gebäude der ehemaligen Reichsbank von 1909. Dennoch soll an dieser Stelle ein ganz anderer Ort im Vordergrund stehen: der Bahnhof, von den ankommenden und abfahrenden Reisenden mit Füßen getretener Knotenpunkt und in seiner Bedeutung wenig beachtet. Und so kommt es, dass er sich selbst wichtigmachen muss, eine gar ungeheuerliche Behauptung aufstellt und sich quasi in den Adelsstand erhebt: Der Bahnhof Siegen nennt sich Hauptbahnhof ... und ist es doch laut Deutscher Bahn nicht.

Am 10. Januar 1861 feierte der Bahnhof seine Eröffnung. Die ersten Züge rollten nach Betzdorf, heute auf der Siegstrecke nach Köln-Deutz gelegen, ab August auch Richtung Altena. Inzwischen hat der Bahnhof sechs Gleise und ist wichtigste Schnittstelle im Siegerland.

Trotzdem scheint der Lack irgendwie ab zu sein: Es fehlen Aufzüge und Rolltreppen, Kofferbänder sucht man vergebens, und auch eine ausreichende Beschilderung ist Mangelware. Lediglich ein einzelnes Schild verheißt den Reisenden die Station – und lügt ganz unverhohlen: »Siegen Hbf« steht dort trotzig, so, wie es vor der Einfahrt in den Bahnhof auch die automatischen Fahrgastansagen im Rhein-Sieg-Express ankündigen. Es ist ein altes Schild, keines der neuen blau glänzenden mit weißer Schrift, und der Gedanke kommt, dass diese neuen irgendwo im Bahnhofskeller abgestellt wurden, weil man das alte, letzte verbliebene nicht hergeben wollte.

Und doch wird es bald so weit sein: Ab 2013 möchte die Deutsche Bahn mit den Modernisierungsarbeiten beginnen. Vier Jahre Arbeit und 11,4 Millionen Euro sind dafür eingeplant, von denen auch neue Schilder finanziert werden sollen. Denn 2017 soll der Bahnhof Siegen ganz offiziell Hauptbahnhof heißen.

Adresse Am Bahnhof 16–20, 57072 Siegen | **ÖPNV** Siegen Bahnhof, Siegen ZOB | **Anfahrt** A 45, Abfahrt Siegen auf B 62 Richtung Siegen-Eiserfeld/Netphen, auf B 62 bleiben, auf Hüttentalstraße/B 62 Richtung B 54, weiter auf Koblenzer Straße/B 62, links auf Berliner Straße, rechts halten auf Berliner Straße, links auf Am Bahnhof | **Tipp** Von 1942 bis 1944 erfolgten von hier aus Judendeportationen. Auf Gleis 3 erinnert eine Gedenktafel daran.

91 Das Beatles-Museum

Das kleinste Beatles-Museum der Welt

Wie so viele liebevoll geführte Kleinmuseen ist auch dieses aus einer privaten Sammelleidenschaft heraus entstanden. Harold Krämer, seines Zeichens Beatles-Fan der ersten Stunde und in den 1960er Jahren selbst Gitarrist bei einer Siegener Beat-Band, besaß schon lange eine ausufernde Plattensammlung. Weil seine Frau befürchtete, dass sich irgendwann auch in Bad und Küche die Schallplatten stapeln würden, sammelte Harold von da an nur noch Beatles-Stücke – und das auch nur noch in zwei Räumen seiner Wohnung, inzwischen (mit 27 Quadratmetern) als kleinstes Beatles-Museum der Welt bekannt. Das wurde sogar »amtlich« bestätigt im Guinness-Buch der Rekorde des Jahres 2000.

Wer die Räumlichkeiten betritt, wird sofort vom Beatles-Virus und von träumerischer Nostalgie ergriffen: Wunderhübsch drapiert, stapeln sich hier Beatles-Bücher, Schallplatten und zahllose skurrile Memorabilien, von aufblasbaren Beatles-Puppen über Beatles-Haarbürsten, -krawatten, -puzzles, -tassen bis hin zu einem Stück der Bühne des Star-Clubs in Hamburg, wo die Beatles 1962 aufgetreten waren. Neben einer Wurlitzer-Jukebox präsentiert eine Schaufensterpuppe ein Kleid mit Beatles-Konterfei. An den Wänden hängen Beatles-Plakate, BRAVO-Titelbilder, Originalautogramme und zwei Speisekarten der deutschen Bundesbahn, auf die Paul McCartney während der »BRAVO-BEATLES-BLITZTOURNEE« 1966 aus Langeweile mit Kugelschreiber zwei frühe Kunstwerke kritzelte.

Bei einer Führung kann man – natürlich mit der passenden Musikuntermalung – viel über die Beatles erfahren. Harold Krämer hat inzwischen zwei Bücher verfasst, war im Fernsehen zu sehen und hat seine besten Sammlerstücke zu Ausstellungen ausgeliehen. Er verfasst regelmäßig den sehr informativen Newsletter »from me to you« und hält regen Kontakt zu Beatles-Fans in aller Welt, von denen es nach wie vor sehr viele gibt. Die Beatles leben weiter – in Siegen auf jeden Fall!

Adresse Sohlbacher Straße 24, 57078 Siegen-Geisweid | **ÖPNV** Siegen-Geisweid Bahnhof, circa 5 Minuten Fußweg | **Anfahrt** von Siegen aus nach Norden auf der B 54, Ausfahrt Richtung Siegen-Geisweid, links ab auf Weidenauer Straße, weiter auf Geisweider Straße, links in die Sohlbacher Straße | **Öffnungszeiten** nach Anmeldung bei Harold Krämer, Tel. 0271/8909770; E-Mail harold.kraemer@cityweb.de, Infos: www.the-beatles.de | **Tipp** In der Siegener Gegend werden die Erinnerungen an Musik und Menschen der 1960er Jahre aufrechterhalten. Eine weitere Sammlung von Rock-Memorabilia besitzen Maria und Wolfgang Thomas, Infos: www.rock-museum.de. Die damalige Band- und Clubszene wird sehr rege auf der Website www.siegerländer-beatgeschichten.de erforscht.

92 __ Die bemalten Schaltkästen

»Stromkästen erzählen Watt«

Siegen wollte schöner werden. Zahlreiche Projekte nahmen sich der Sache an: Nicht nur, dass die überbaute Sieg wieder in ein attraktives Stadtgewässer umgebaut werden soll, auch typische Schmuddelecken sollten zu schönen Hinguckern werden.

Bereits seit 2008 stellt sich der Kunstkreis Siegerland im Rahmen der Aktion »Siegen sind wir!« der Aufgabe, Siegen ein besseres Image zu verpassen. Und wie, wenn nicht mit Kunst, will ein Kunstkreis dies bewerkstelligen? Statt jedoch Skulpturen aufzustellen, suchte man nach anderer Inspiration, und dabei gerieten die oftmals beklebten und/oder beschmierten grauen Trafostationen und Schaltkästen in das Auge der Künstler.

Mittlerweile verteilen sich 70 Motive auf besagte Siegener Stromkästen, darunter farbenfrohe mit historischen oder modernen Stadtansichten, dezente, die sich in die hinter ihnen stehende Hausfassade oder Mauer eingliedern, oder solche, die typische Siegener Themen oder Persönlichkeiten aufgreifen. Auch auf Siegener Künstler wird angespielt, zum Beispiel mit Motiven zu Rubens (unter anderem in der Burgstraße) oder mit der Nachahmung der berühmten Oberstadtansicht des Siegener Malers Jakob Scheiner (1820–1911) am Neumarkt.

Jakob Scheiner war Autodidakt. Sein künstlerischer Weg ging vom technischen Zeichner zum Maler, der sich vor allem auf Stadtansichten konzentrierte und sogar auf den Weltausstellungen in Paris (1867) und Wien (1873) ausstellte. Seine Ansicht der Oberstadt wurde von den Künstlerinnen Uta Burmester und Ursula Dolski liebevoll auf die Schaltkästen am Neumarkt übertragen, an denen inzwischen sogar auf Stadtführungen haltgemacht wird.

Stromkästen in Siegen erzählen also »Watt«: von Siegens Geschichte, seiner Kultur, seinen »Kindern« – und vor allem von dem Engagement vieler Siegener, ihre Heimatstadt schöner zu machen und so für mehr Lebensqualität zu sorgen.

Adresse in der Stadt verteilt, zum Beispiel Neumarkt, Ecke Am Klubb, 57072 Siegen |
ÖPNV Siegen Bahnhof, Siegen ZOB Bus 648, Haltestelle Rathaus | **Anfahrt** A 45, Abfahrt
Siegen, auf B 62 Richtung Siegen-Eiserfeld/Netphen, auf B 54 Richtung Siegen-Kaan-Ma-
rienborn/Siegen-Eintracht/Limburg, geradeaus auf Koblenzer Straße, weiter auf Spandauer
Straße, links auf Löhrtor (Schilder Richtung Oberstadt), rechts auf Löhrstraße, rechts auf
Neumarkt | **Tipp** Ein paar Meter weiter die Marburger Straße hinunter liegt das »Café Flo-
cke«, das auch wegen seiner tollen Theke einen Besuch wert ist, Infos: www.cafe-flocke.de.

93__Der Ringlokschuppen

Zwischen schwarz-roten Ungetümen

Hinter dem Siegener Bahnhof (siehe Seite 188) liegen die eindrucksvollen Gebäude des alten Siegener Bahnbetriebswerkes, mit Ringlokschuppen und Drehscheibe. Besucher staunen vor allem über das Innenleben der halbkreisförmigen Halle: Hier verschnaufen an die 20 alte Loks, die extrem riesig wirken, wenn man danebensteht …

Die Ringlokanlage wird heute als Südwestfälisches Eisenbahnmuseum betrieben und ist noch im Aufbau begriffen. Anzuschauen gibt es die Gebäude, die Fahrzeuge, eine Ausstellung, eine Modellbahnanlage und sogar einen kleinen Souvenirshop. Der Wasserturm soll wieder aufgebaut werden. Die meisten Fahrzeuge gehören den Betzdorfer Eisenbahnfreunden, die sie seit 1997 dort unterstellen; einige gehören der Aggerbahn oder sind Leihgaben. Manche Lok sind noch fahrtüchtig.

Die Gebäude wurden in den 1880er Jahren fertiggestellt. Damals hatte die Bahn einen größeren Stellenwert als heute; auf dem Gelände arbeiteten 4.000 Menschen. Die im Siegerland gewonnenen Kohlen und Eisengüter wurden auf Güterzügen abtransportiert, und im Ausbesserungswerk herrschte reger Betrieb.

Zu den Fahrzeugen gehören eine Dampflok von 1915 und eine von 1943, die letzte regulär betriebene Normalspur-Dampflok Deutschlands. Mit einer Fahrt im Berliner Raum hatte sie 1994 das Dampfzeitalter der Deutschen Bahn beendet. Eine Lok aus den 1960er Jahren, mit typisch ozeanblau-beigem Anstrich, gehört ebenfalls zur Sammlung, wie auch einige Kleinloks und eine putzige rote Draisine von 1961 namens »Charly«.

Auf dem Gelände ist immer etwas los: Die Restaurierung der Fahrzeuge wird ehrenamtlich durchgeführt, und so sieht man hier oft junge und alte Eisenbahnliebhaber, die den Pinsel schwingen oder das Dach ausbessern. Museumsfeste, Konzerte und sogar Hochzeiten finden zwischen den ehrfurchtgebietenden Dampfrössern statt, die für eine ganz spezielle Atmosphäre sorgen.

Adresse An der Unterführung 22, 57072 Siegen | **ÖPNV** Siegen Bahnhof, Fußweg durch
die Unterführung, dann links abbiegen | **Anfahrt** A 45, Abfahrt Siegen, der Beschilderung
zum Bahnhof oder zur Citygalerie folgen, dort parken und durch die Unterführung zur
Bahnhofsrückseite gehen | **Öffnungszeiten** März–Nov. jeder letzte So im Monat 10–16 Uhr
und zu Sonderveranstaltungen, Infos: www.sem-siegen.de | **Tipp** Die Eisenbahnfreunde
veranstalten regelmäßige Ausflugsfahrten mit ihren historischen Bahnen (natürlich am
liebsten mit der Dampflok). Ein Bar-Waggon sorgt für Speis und Trank,
Infos: www.eisenbahnfreunde-betzdorf.de und www.aggerbahn.de.

94__Die Rubensstadt

Rubens – ein südwestfälischer Künstler?

Nach langem Streit zwischen den Städten Köln, Antwerpen und Siegen war es endlich klar: Der berühmte Barockmaler Peter Paul Rubens wurde 1577 im südwestfälischen Siegen geboren. Doch macht ihn das zu einem südwestfälischen Künstler? Wohl eher nicht, denn er kam eher »zufällig« in Siegen zur Welt, weil sein Vater zunächst aus religiösen Gründen das heimatliche Antwerpen hatte verlassen müssen und später wegen einer Affäre mit der Frau Wilhelms von Oranien von Köln nach Siegen »verbannt« wurde. Rubens verbrachte nur sein erstes Lebensjahr hier, bevor es wieder nach Köln und Antwerpen ging.

Das Siegerlandmuseum im Oberen Schloss ist denn auch relativ zurückhaltend bei der Vermarktung des berühmten Sohnes der Stadt – dabei besitzt es doch einen lohnenswerten Rubenssaal mit neun Originalgemälden sowie Grafiken des Meisters und richtet häufig Ausstellungen mit Rubens-Thematik aus. Interessant ist es hier auch, die historischen Verbindungen der Siegener Gegend zu den Niederlanden zu verfolgen, die den Aufenthalt der Rubens-Familie damals erst möglich machten. Trotz dieser wichtigen Ausstellungsstücke prunkt das Museum nicht mit ausgefeiltem Rubens-Marketing oder einem kommerziellen Museumsshop. Auf die Gedenktafel dort, wo einst Rubens' Geburtshaus gestanden haben soll (heute ein Schulhof), weist ein separates Schildchen hin. Aus der Inschrift geht hervor, dass die Familie Rubens zur Miete in dem Haus wohnte. Am Rathaus der Stadt Siegen ist ebenfalls eine Gedenktafel angebracht, die zu Rubens 300. Geburtstag 1877 aufgehängt wurde. Der 1934 aufgestellte Rubensbrunnen erinnert an den Streit um Rubens' wahren Geburtsort. Und dann sind da noch Institutionen wie das Rubensfest, der Rubenspreis, das Peter-Paul-Rubens-Gymnasium und der Lions-Club Rubens, die den berühmten Namen dann doch mit Stolz nutzen. Also nicht vergessen: Rubens kommt aus Siegen, und es gibt dort Rubens-Gemälde zu sehen!

Adresse Siegerlandmuseum im Oberen Schloss, Burgstraße 10, 57072 Siegen | **ÖPNV** Siegen Bahnhof, ZOB Bus C106, Haltestelle Siegen/Rathaus, 5 Minuten Fußweg | **Anfahrt** A 45, Abfahrt Siegen, der Beschilderung zur Innenstadt folgen, dann der Beschilderung zur Oberstadt, schließlich der Beschilderung zum Oberen Schloss | **Öffnungszeiten** Siegerlandmuseum: Di–So 10–17 Uhr, Infos: www.siegen.de | **Tipp** Ein anderer in Siegen geborener Künstler (nur viel später als Rubens: 1931) war Bernd Becher, der mit seiner Frau Hilla vor allem durch Schwarz-Weiß-Fotografien alter Industrieanlagen weltberühmt wurde. Das Museum für Gegenwartskunst stellt viele Becher-Arbeiten aus, Infos: http://museumfuergegenwartskunstsiegen.de.

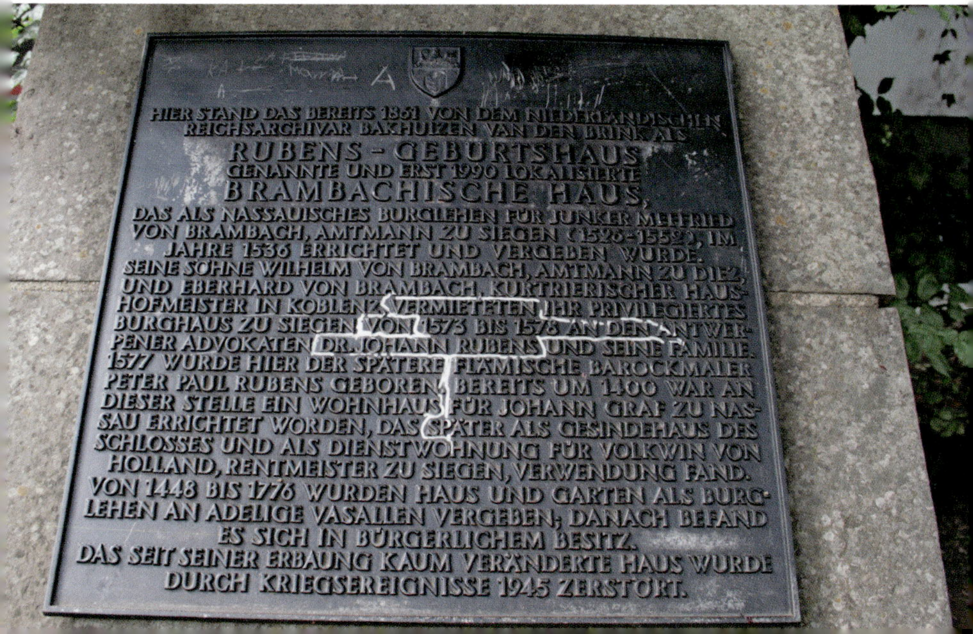

HIER STAND DAS BEREITS 1861 VON DEM NIEDERLÄNDISCHEN
REICHSARCHIVAR BAKHUIZEN VAN DEN BRINK ALS
RUBENS - GEBURTSHAUS
GENANNTE UND ERST 1990 LOKALISIERTE
BRAMBACHISCHE HAUS,
DAS ALS NASSAUISCHES BURGLEHEN FÜR JUNKER MELFRIED
VON BRAMBACH, AMTMANN ZU SIEGEN (1526-1552), IM
JAHRE 1536 ERRICHTET UND VERGEBEN WURDE.
SEINE SÖHNE WILHELM VON BRAMBACH, AMTMANN ZU DIEZ,
UND EBERHARD VON BRAMBACH, KURTRIERISCHER HAUS-
HOFMEISTER IN KOBLENZ, VERMIETETEN IHR PRIVILEGIERTES
BURGHAUS ZU SIEGEN VON 1573 BIS 1578 AN DEN ANTWER-
PENER ADVOKATEN DR. JOHANN RUBENS UND SEINE FAMILIE.
1577 WURDE HIER DER SPÄTERE FLÄMISCHE BAROCKMALER
PETER PAUL RUBENS GEBOREN. BEREITS UM 1100 WAR AN
DIESER STELLE EIN WOHNHAUS FÜR JOHANN GRAF ZU NAS-
SAU ERRICHTET WORDEN, DAS SPÄTER ALS GESINDEHAUS DES
SCHLOSSES UND ALS DIENSTWOHNUNG FÜR VOLKWIN VON
HOLLAND, RENTMEISTER ZU SIEGEN, VERWENDUNG FAND.
VON 1448 BIS 1776 WURDEN HAUS UND GARTEN ALS BURG-
LEHEN AN ADELIGE VASALLEN VERGEBEN, DANACH BEFAND
ES SICH IN BÜRGERLICHEM BESITZ.
DAS SEIT SEINER ERBAUUNG KAUM VERÄNDERTE HAUS WURDE
DURCH KRIEGSEREIGNISSE 1945 ZERSTÖRT.

95_ Die Siegerlandhalle

Die Grande Dame des Showgeschäfts

2011 wurde die Siegerlandhalle 50 und schaute, frisch modernisiert, zurück auf rund 56.000 Veranstaltungen mit fast 15 Millionen Besuchern. Mit der Einweihung der Siegerlandhalle auf dem von Leonhard Gläser 1875 gestifteten Eintrachtgelände wurde eine seiner Visionen Wirklichkeit: Körperlich stark behindert, war Gläser ein echter Menschenfreund. Den Armen seiner Zeit wollte er das Gefühl der Gleichachtung geben, kaufte 1851 das Eintrachtgelände und ließ einen Park mit Karussell, Schaukeln und Turngeräten errichten; eine Veranstaltungshalle sollte folgen.

110 Jahre später, am 15. März 1961, war sie da und von Beginn an Ort des gesellschaftlichen Miteinanders in Stadt und Region, der auch nationale und internationale Künstler und Shows anzog. Gesendet wurde »damals noch in Schwarz-Weiß, aber mit einer Ahnung, dass alles noch viel bunter werden würde«, wie sich Rainer Holbe, Moderator der 1968 hier gestarteten ZDF-»Starparade«, erinnert. Und damit sollte er recht behalten, denn das Gästebuch der Halle ist lang und voll bekannter Namen:

Freddy Quinn 1962, der »Schlagerexpress« mit Lou van Burg, Trude Herr und Gus Backus 1963, Rex Gildo und Roy Black 1965, Roberto Blanco 1968, Udo Jürgens 1969, Heinz Schenk und Lia Wöhr samt »Blauem Bock« 1970, Peter Maffay und Udo Lindenberg 1978, Dieter Thomas Heck samt »Hitparade« und den Worten »Guten Abend, hier ist Siegen!« 1971, Frank Elstners »Wetten, dass..?« 1981, Peter Alexander mit dem Orchester Paul Kuhn 1982, die Dubliners 1987, der »Flitterabend« 1990, Howard Carpendale 1998, Nena 2007, Die Flippers 2011 … um nur einige zu nennen. Bernd Stelter fasst das Phänomen zusammen: »Das ist im Siegerland mal so richtig praktisch, ne?! … Da kommt ein ganz bekannter Mensch … Da muss man nie überlegen: ›Wo ist das?‹ Das ist immer in der Siegerlandhalle.« In diesem Sinne: Volles Haus voraus, liebe Siegerlandhalle!

Adresse Koblenzer Straße 151, 57072 Siegen | **ÖPNV** Bus C100, Haltestelle Hammer-
straße, Bus C109, R10, Haltestelle Koblenzer Straße | **Anfahrt** A 45, Ausfahrt Siegen auf
B 62 Richtung Siegen-Eiserfeld/Netphen, auf B 62 bleiben, auf Hüttentalstraße/B 62 in
Richtung B 54, weiter auf Koblenzer Straße/B 62 | **Öffnungszeiten** zu den Veranstaltun-
gen, Infos: Tel. 0271/33700, www.siegerlandhalle.de | **Tipp** Im Garten vor der Siegerland-
halle steht ein 1963 enthüllter Gedenkstein mit dem Porträt Leonhard Gläsers.

96_ Das St. Marien-Krankenhaus

In Trümmern, aber schuldenfrei

Im St. Marien-Krankenhaus werden eigene Wege beschritten, und die haben Tradition. Ein Krankenhaus hatte es bereits unter den Franziskanern gegeben. Als diese jedoch 1534 vertrieben wurden, war es auch damit vorbei. Das bemängelte nicht zuletzt Pfarrer Adam Krengel (1805–1879), ein Mann mit unkonventionellen Ideen; heute spräche man von Fundraising und Marketing. Um für Geld- und Sachspenden zu werben, wandte er sich im Siegener Intelligenzblatt im Februar 1857 unter anderem an den westfälischen Adel und andere hochgestellte Persönlichkeiten; die preußische Königin Elisabeth bat er um das Obere Schloss mit Schlossgarten.

Von deren Absage unbeeindruckt, ließ Pfarrer Krengel 15.000 Aktien drucken. Und weil er in erster Linie ein Mann Gottes war, wurden seine Aktien »ausgegeben an der Bank der christlichen Liebe und Wohltätigkeit«, die »Dividenden zahlt Christus der Herr«. Die »Einlösung der Aktien übernimmt der große Zahlmeister des Himmels und der Erde«. Ungewöhnlich, aber wirkungsvoll, denn 1861 konnte das erste Krankenhaus Ecke Pfarrstraße/Höhstraße mit elf Betten eröffnet werden. Schnell wurde es zu klein, und 1869 wurde das – dieses Mal per Lotterie finanzierte – Haus am heutigen Standort eingeweiht und über die Jahrzehnte erweitert. Anfang der 1930er war es das größte und modernste Krankenhaus im Umkreis. Wie stolz war man, als am 15. Dezember 1944 die allerletzte Rate der letzten Hypothek beglichen werden konnte; wie geschockt, als das Krankenhaus tags darauf nach einem Bombenangriff in Trümmern lag.

Wiederaufbau und Erweiterung folgten bis heute, aber die Tradition ist nicht vergessen. Man versteht sich als integriertes Gesundheitsunternehmen. So soll das Kunstprojekt MediArt dem Patienten Angst und Unsicherheit nehmen, und eine Ausstellung im Obergeschoss zeigt ein Abbild der Gründungsaktie und andere Exponate.

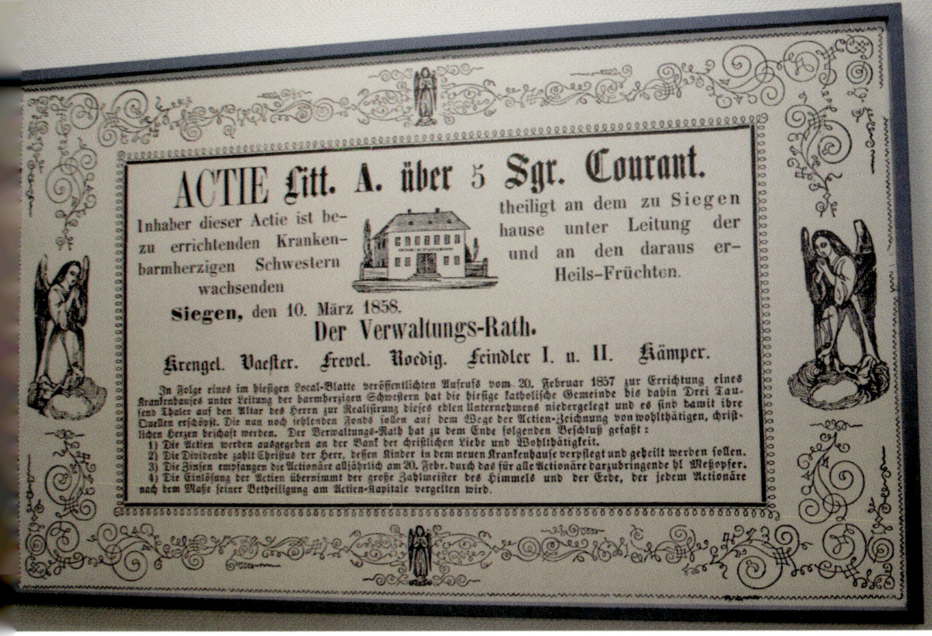

ACTIE Litt. A. über 5 Sgr. Courant.

Inhaber dieser Actie ist betheiligt an dem zu Siegen zu errichtenden Krankenhause unter Leitung der barmherzigen Schwestern und an den daraus erwachsenden Heils-Früchten.

Siegen, den 10. März 1858.

Der Verwaltungs-Rath.

Krengel. Vaester. Frevel. Roedig. Feindler I. u. II. Kämper.

In Folge eines im hiesigen Local-Blatte veröffentlichten Aufrufs vom 20. Februar 1857 zur Errichtung eines Krankenhauses unter Leitung der barmherzigen Schwestern hat die hiesige katholische Gemeinde bis dahin Drei Tausend Thaler auf den Altar des Herrn zur Realisirung dieses edlen Unternehmens niedergelegt und es sind damit ihre Quellen erschöpft. Die nun noch fehlenden Fonds sollen auf dem Wege der Actien-Zeichnung von wohlthätigen, christlichen Herzen beschaft werden. Der Verwaltungs-Rath hat zu dem Ende folgenden Beschluß gefaßt:

1) Die Actien werden ausgegeben an der Bank der christlichen Liebe und Wohlthätigkeit.
2) Die Dividende zahlt Christus der Herr, dessen Kinder in dem neuen Krankenhause verpflegt und geheilt werden sollen.
3) Die Zinsen empfangen die Actionäre alljährlich am 20. Febr. durch das für alle Actionäre darzubringende hl Meßopfer.
4) Die Einlösung der Actien übernimmt der große Zahlmeister des Himmels und der Erde, der jedem Actionäre nach dem Maße seiner Betheiligung am Actien-Kapitale vergelten wird.

Adresse Kampenstraße 51, 57072 Siegen | **ÖPNV** Siegen Bahnhof, Siegen ZOB Bus R27, Haltestelle Kaisergarten, 6 Minuten Fußweg; Bus C105, C123, Haltestelle Marburger Tor, 5 Minuten Fußweg | **Anfahrt** A 45, Abfahrt Siegen, B 62 Richtung Siegen-Eiserfeld/Netphen, auf B 62 bleiben, Ausfahrt Richtung Freudenberger Straße/B 62, Schildern Richtung Stadtmitte folgen, links auf Sandstraße/B 62, rechts auf Kampenstraße/L 521 | **Öffnungszeiten** tagsüber, Besuchszeiten beachten | **Tipp** Stehen Sie vor der Gründungsaktie, gehen Sie ein Stück weiter in die Krankenhauskapelle und lassen Sie die Farben auf sich wirken. Im Anschluss können Sie vom Panoramacafé aus die Aussicht genießen.

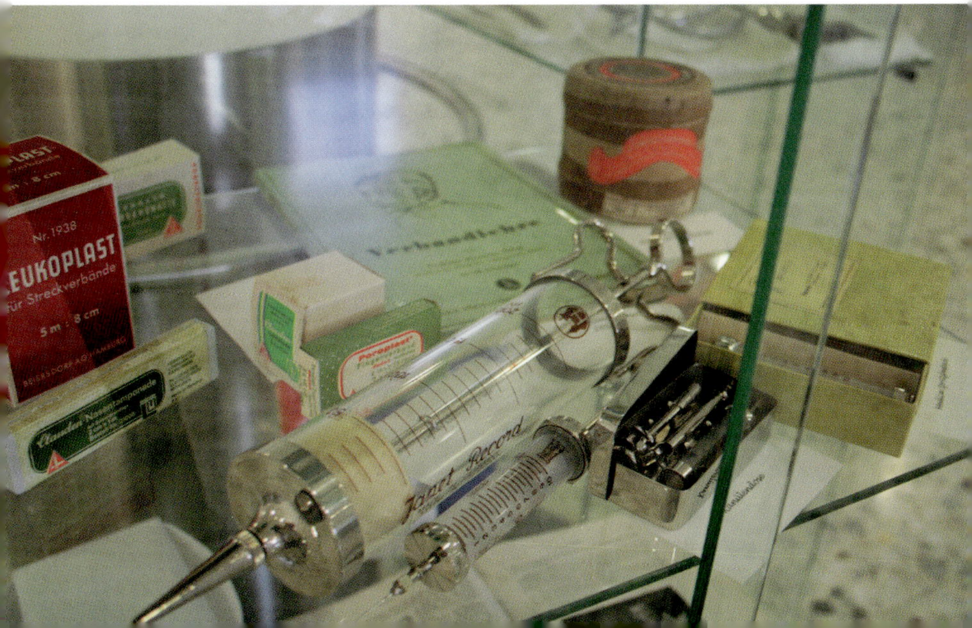

97 __ Der Große Teich und die gelbe Wippe

Gewippt und in Entengrütze gekippt

In Soest geht's über den Großen Teich nicht nach Amerika, hier wippt man hinein, und das schon seit dem Mittelalter. Damals nämlich wurden beispielsweise Garten- und Felddiebe oder Bäcker, deren Brötchen zu klein gerieten, kahl geschoren und in Schandgelb gekleidet. Unter dem Gespött der Umstehenden mussten die Malefikanten über eine Wippe laufen und kippten in den »Grote Dyke«. Wie diese Wippstrafe aussah, illustriert das Soester Acht- und Schwurbuch, das Nequambuch, von 1315 bis 1421.

Was früher eine Schande war – Nequam ist Lateinisch für Nichtsnutz –, ist heute eine Ehre. Alljährlich am ersten Samstag nach Johanni (24. Juni) tagt während des Bürgerschützenfestes das Scharfgericht im Osthofentor über drei Malefikanten. Nach deren Verurteilung gibt es eine Henkersmahlzeit, um im Anschluss mit einem schandgelben Umhang durch die Altstadt getrieben zu werden, schwer bewacht von den Schützenbrüdern im Stadtwachenkostüm. Ein letzter Abschiedstrunk beim Bürgermeister, dann geht es zur Vollstreckung: Die Malefikanten müssen vor den Augen des johlenden Volkes in den vor Entengrütze grünen Großen Teich wippen. Der hat übrigens nur acht Grad, denn es handelt sich hierbei um ein salzhaltiges Quellgebiet, das einst als Stauteich angelegt war. Hier ließen sich die ersten Siedler nieder, die sogenannten »Sodsaten«.

Aber wer wird von der Wippe in den Teich gekippt? Und warum? 2010 war es der Bad Sassendorfer Bürgermeister, der daran erinnert werden sollte, dass die Salzsäcke eigentlich in Soest gestanden haben und die Sälzer von hier aus nach Bad Sassendorf gingen. Ein Politiker wurde der Verhöhnung des Soester Strafgerichts und der Wippe für schuldig befunden, und ein Pfarrer musste ins grün-kühle Nass, weil er der lauten Rockmusik frönt. Bleibt abzuwarten, wem in den nächsten Jahren der Ehrentitel der »Ehemaligen Gewippten« zuteilwird.

Adresse Am Großen Teich, 59494 Soest, Parkplatz an der Wiesenstraße, Ecke Severin-straße | **ÖPNV** vom Bahnhof Soest Bus 648, Haltestelle Stiftstraße, 8 Minuten Fußweg | **Anfahrt** A 44, Abfahrt Soest, auf Arnsberger Straße/B 229, rechts auf Ulrichertor, links halten auf Brunowall, links auf Osthofenstraße, rechts auf Severinstraße, dort parken | **Tipp** Im Bontempi im Park, Walburgerstraße 8, können Sie leckeren Kuchen mit Blick auf den Teich essen und auch »Teichwasser« erstehen, einen Orangenbitterlikör, Infos: www.bontempi.de.

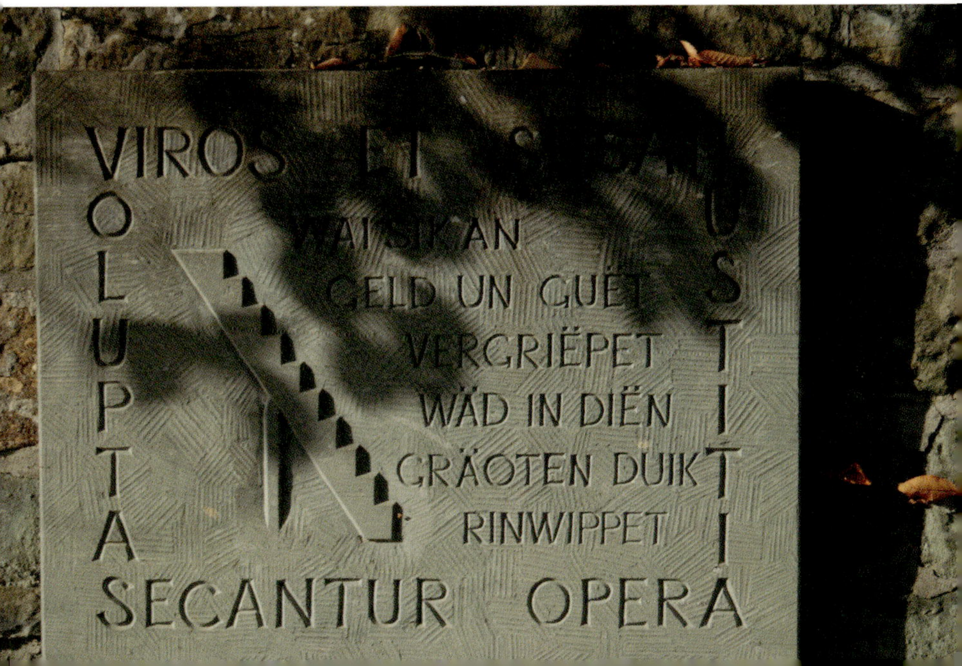

98_ Das Grünsandstein-Museum

Im Sauerland sind die Saurier los

Das Grünsandstein-Museum lädt ein zu einem Ausflug ins Grüne, allerdings der besonderen Art. Irgendwie ist es auch ein Ausflug ins Meer, jawohl, ins, nicht ans, aber dazu später mehr. Nicht zuletzt ist man zu Besuch bei Freunden. Denn gleich beim Betreten des liebevoll aufgemachten Museums fühlt man sich wohl und spürt das Vertrauen, das dem Besucher entgegengebracht wird: Per Hinweisschild wird gebeten, das Licht ein- und später auch wieder auszuschalten, denn Museumswärter gibt es hier nicht. Auch keine strenge Dame an der Kasse, denn der Eintritt ist frei, und genauso frei kann man sich durch die sorgfältig restaurierte Fachwerkscheune auf dem Gelände der Dombauhütte bewegen.

Als Erstes fällt aber der Saurier ins Auge, der die Gäste vorm Museum willkommen heißt. Es ist ein Iguanodon-Jungtier, besser gesagt eine Nachbildung, denn bekanntlich sind Saurier ausgestorben. Genau in ihrer Zeit ist der Grünsandstein entstanden, der viele Gebäude im Raum Soest ganz grün aussehen lässt. Und damit kommen wir zurück ins Meer, das sich nämlich in Westfalen breitmachte. Sand und Schlamm lagerten sich auf dem Boden ab und versteinerten über die Jahrmillionen. Das Besondere im Soester Raum ist der hohe Glaukonitanteil, die sandkorngroßen Teilchen, die den Stein je nach Eisen- und Aluminiumgehalt eher blau-grün oder hellgelblich grün färben.

Wie das funktioniert, wird im Museum erklärt. Dort können Sie auch eine beeindruckende Riesenfiale der Wiesenkirche sehen, die vom Erdgeschoss bis unters ausgebaute Dach reicht. Auch andere Exponate waren einst Teil der gotischen Wiesenkirche, deren Bau in einem Modell mit viel Liebe zum Detail veranschaulicht ist. Fans der Audiovision kommen auf ihre Kosten: Ein Film verfolgt die »Spur der Steine«, natürlich von Ihnen selbst gestartet. Wenn Sie dann das Museum verlassen, vergessen Sie bitte nicht, das Licht auszumachen!

Adresse Walburgerstraße 56, 59494 Soest | **ÖPNV** Soest Bahnhof, 8 Minuten Fußweg | **Anfahrt** A 44, Abfahrt Soest, auf Arnsberger Straße/B 229, links auf Dasselwall bis Kreisverkehr, 2. Ausfahrt auf Brüder-Walburger-Wallstraße, rechts auf Krummel, 1. rechts auf Am Wiesenkirchhof, 1. rechts auf Wiesenstraße, 1. rechts auf Walburgerstraße | **Öffnungszeiten** Mo–Sa 10–17 Uhr, So 14–17 Uhr, Infos: www.gruensandsteinmuseum.de | **Tipp** Empfehlenswert ist ein Altstadt-Rundgang in Soest, der auch das weltweit einmalige Grünsandstein-Ensemble umfasst, Infos: www.gfwsoest.de/tourismus/gaestefuehrungen/.

99_ Der Kulturpfad Ampen

Aus einer Schnapsidee wird Kultur

Als nach der Neuaufteilung Europas durch den Wiener Kongress 1815 die Rheinlande und Westfalen Preußen zugeschlagen wurden, ward Weltgeschichte geschrieben. Ampen lag mittendrin im Geschehen, und zwar wortwörtlich. Die westlichen, überwiegend katholisch geprägten Provinzen konnten sich weniger mit der neuen protestantischen Mutter anfreunden, sie empfanden das neue Preußen als künstliches Gebilde.

Und tatsächlich musste von 1818 bis 1820 eine sogenannte Kunststraße als neue Verbindung gebaut werden: die Coeln-Berliner Chaussee. Der »Nullpunkt« war die Hohe Straße in Köln, die Hauptstadt der Rheinlande. Alle 7,53 Kilometer (= eine Preußische Meile) dienten sogenannte Meilensteine der Orientierung.

Der Amper Meilenstein, ein Nachbau des Originals, trägt die Angabe 17 Meilen, denn er steht 128 Kilometer von Köln entfernt. Ampens Geschichte ist aber wesentlich älter als die des neuen Preußens. Die erste urkundliche Erwähnung datiert ins Jahr 833, die Sagen reichen noch weiter zurück: Karl der Große (747/48–814) soll hier einen königlichen Gutshof gehabt und die Sachsen im Dorfteich, dem Amper Vierspann, getauft haben. Heute erinnert im Teich die Stahlskulptur »Waschweiber« an die Dorffrauen, die sich hier am Waschtag trafen. Weitere Sagen ranken sich um die Galgenstätte, den »Jäger von Soest« im Kloster Paradiese und um das Amper Schloss am Herrenteich, dessen Schlossherr Ritter Ewert sich quasi eine Wasserfee zur Braut geangelt hatte.

Diese und weitere Stationen kann der Besucher nun auf dem »Kulturpfad Ampen. Geschichte, Kunst und Ökologie« entdecken. Zum Auftakt der 1.175-Jahr-Feier des Dorfes wurde er im Juni 2008 eröffnet. Die Idee entstand beim alljährlichen Neujahrsfrühschoppen im Januar 2006, als Ortsvorsteher Uli Dellbrügger die Dorfgemeinschaft anregte, sich Gedanken über das nahende Jubiläum zu machen – der Frühschoppen förderte so manchen Geistesblitz.

Adresse Werler Landstraße 231, 59494 Soest-Ampen, Schützenhaus Ampen als Startpunkt für den Kulturpfad | **ÖPNV** Soest Bahnhof, Bus C5, Haltestelle Schwefer Straße | **Anfahrt** aus Soest B 1 Richtung Ampen/Werl/Unna, Parkplatz beim Schützenhaus Ampen | **Öffnungszeiten** ganzjährig; Führungen bei Norbert Dodt, Tel. 02921/65583, oder Ulrich Dellbrügger, Tel. 02921/61373, Infos: www.ampen.de | **Tipp** Der Kulturpfad Ampen lässt sich am besten per Fahrrad abfahren, unter www.bikemap.net finden Sie die Route. Auch zu Fuß lässt sich der 9 Kilometer lange, flache Pfad bestens erwandern.

100_ Die Pumpernickel-bäckerei Haverland

Ein Brot pupst um die Welt

Als Jörgen Haverlandt 1570 die weltweit erste Pumpernickelbäckerei gründete, konnte er nicht ahnen, dass sein Brot einst die weltweite Verdauung anregen würde. Das nähr- und ballaststoffreiche Brot aus heimischem Roggen und Wasser entstand aus der Not heraus: Am Ende der Soester Fehde (1444–1449), in der Soest seine Freiheit gegenüber dem Kölner Erzbischof behauptete, lag die Stadt exklavengleich inmitten von kurkölnischem Gebiet. Mehreren Belagerungen hatte sie standzuhalten. Mehr als einmal hat das Brot aus heimischen Zutaten die Bürger durch schwere Zeiten gebracht.

Der ungewöhnliche Name lässt sich frei mit »pupsender Kobold« übersetzen. Im Sauerland steht Pumper für Flatulenz, der schönen Umschreibung für Blähungen, und Nickel lässt sich etymologisch auf Kobold zurückführen. In Westfalen selbst nannte man das Brot jedoch »Schwarzbrot« oder »grobes Brot«. Außerhalb der Grenzen bürgerte sich der Spottname Pumpernickel ein – vielleicht weil man dessen verdauungsfördernde Wirkung nicht zu schätzen wusste –, und so wurde auch in der US-Armee im Namen des Pumpernickels gepupst. Ein westfälischer Auswanderer brachte die nötigen Backöfen mit.

Inzwischen trägt man auch in Soest den Namen Pumpernickel mit Stolz. Und die Bäckerei Haverland, Familienbetrieb seit Generationen, setzt auf Innovation bei gleichbleibender Qualität. Mit der Übernahme durch die Firma KuchenMeister konzentriert man sich auf einen neuen, dunkleren Typ des Originals. Eine neue Bioschiene ist ebenso in der Entwicklung, wie der Export ausgeweitet werden soll. Und auch mit anderen Produkten wie Kuchen, Stuten oder Toast geht Haverland in Richtung Zukunft. Dauerbrenner ist und bleibt allerdings der original Soester Pumpernickel in der Dose, der – wo gibt es das noch? – ohne Konservierungsstoffe sein volles Aroma entfaltet.

Adresse Opmünder Weg 65, 59494 Soest | **ÖPNV** Bus C7, 569, Haltestelle Einkaufszentrum Riga-Ring | **Anfahrt** A 44, Ausfahrt Soest, auf Arnsberger Straße/B 229, rechts auf Lübecker Ring/B 1, weiter auf B 1, links auf Opmünder Weg, am hinteren Teil des großen Parkplatzes | **Öffnungszeiten** Führungen nach Absprache, Infos: Tel. 02921/16019, www.pumpernickel-original.de | **Tipp** In der »Kuchen-Ecke«, dem Werksverkauf bei der Firma »KuchenMeister«, können Sie eine große Auswahl des Sortiments erwerben, Coesterweg 31, 59494 Soest.

101 Die Glocke im Baum

Läuten an der frischen Luft

So mancher würde bereits die sauerländische Stadt Sundern als »etwas abgelegen« bezeichnen. Nun, es geht noch abgelegener: Etwas östlich der Kernstadt liegt der Ortsteil Linnepe; ein südlicher Ortsteil von Linnepe ist wiederum Linneperhütte, und *das* ist wirklich abgelegen!

Der Ortsname des idyllischen Dorfes deutet schon darauf hin: Hier wurde Eisenerz abgebaut. Seit 1770 gab es ein Hüttenwerk, und spätestens damals standen in Linneperhütte die ersten Häuser. Die Eisenindustrie kam allerdings nicht so richtig in Gang – schon 1803 war Schluss. Der Ort hat trotzdem überlebt: Heute stehen dort etwa ein Dutzend Häuser mit vielleicht 50 Einwohnern. Überbleibsel der »Eisenzeit« kann man auf dem Sunderner Bergbauweg erwandern.

Ein weiteres Überbleibsel gibt dem Besucher Rätsel auf: Am Dorfeingang hängt hoch in einer großen, alten Eiche eine kleine Kirchenglocke. Offensichtlich wird sie gehegt und gepflegt: Ein liebevoll gezimmertes Dach schützt sie vor der Witterung; ein dünnes Seil zum Läuten ist ordentlich unten am Baumstamm festgehakt; in einem Hohlraum des Baumes steht eine Heiligenfigur. Ist diese Open-Air-Kapelle – »die einzige Kapelle Deutschlands, die jedes Jahr ein neues Dach bekommt«, wie man hier scherzhaft sagt – nur eine Notlösung, weil das Dorf sonst keine Kapelle hätte? Man weiß es nicht genau. Manche sagen, die Glocke stamme noch aus Bergbauzeiten und habe die Arbeiter zur Schicht gerufen; woanders hört man, die Glocke habe am Bahnhof Freienohl gebimmelt, wenn ein Zug kam. Aber das ist ja auch egal – die Glocke hängt eben einfach da, und sie wird tatsächlich täglich von den Dorfbewohnern geläutet: um 7, 12 und 18 Uhr. Man wechselt sich ab; jeden Monat ist jemand anderes dran. Ab und zu wurde schon mal überlegt, diesen Brauch aufzugeben, aber bisher hat man sich immer dagegen entschieden. Wäre doch schön, wenn es so bliebe!

Adresse An der Eiche, 59846 Sundern-Linneperhütte | **ÖPNV** Neheim-Hüsten Bahnhof, Bus R25, Haltestelle Sundern/Rathaus, Bus 436, Haltestelle Linneperhütte | **Anfahrt** A 445/46, Abfahrt Hüsten, der B 229 bis Hachen folgen, im Kreisverkehr auf L 519 bis Sundern, weiter auf L 686 bis Westenfeld, auf K 6, dann rechts auf K 7, in Linnepe auf K 24 fahren, Dorf und Eiche liegen linker Hand | **Tipp** Die gottesfürchtige Gegend zwischen Meschede und Sundern wird seit alters her »Altes Testament« genannt. Seit Neuestem gibt es hier 14 gut markierte Rundwanderwege; L 2 und M2 führen auch durch Linneperhütte, Infos und Kartendownload: www.sorpesee.de/aktiv-draussen/wandern/wandergebiete/wanderparadies-altes-testament.html.

102 Das Heinrich-Lübke-Haus

»Sauerland bleibt Sauerland.«

Das soll Heinrich Lübke, Präsident der Bundesrepublik Deutschland von 1959 bis 1969, beim Anblick des Tadsch Mahal zu seiner Frau Wilhelmine gesagt haben. Er war tatsächlich ziemlich bodenständig: 1894 hier in Enkhausen geboren (vor dem Geburtshaus steht eine Gedenktafel), kam er auch als berühmter Politiker ab und an wieder ins Dorf, um mit alten Bekannten Skat zu kloppen. Sein Thema war außerdem zeitlebens die Landwirtschaft – so war er von 1953 bis 1959 im Kabinett Adenauer Minister für Ernährung, Landwirtschaft und Forsten.

Berühmt war Lübke unter anderem für seine Frau, die aus dem nahen Ramsbeck stammte und neun Jahre älter war, was sie jahrzehntelang vertuschte. Sie wurde oft als die »eigentliche Präsidentin« bezeichnet, was für die letzten Amtsjahre Lübkes bestimmt zutrifft, als er an einer beginnenden Alzheimererkrankung litt. Er starb bereits 1972. Die rührige Witwe sorgte 1975 dafür, dass die ehemalige Volksschule in Enkhausen zu einem Heinrich-Lübke-Museum gemacht wurde. Damals dürfte es ähnlich ausgesehen haben wie heute: Ein 70er-Jahre-Flachbau, alles ein bisschen angestaubt, aber trotzdem nett. Die Ausstellung zeigt beeindruckende Fotos aus Lübkes Amtszeit; Dokumente; Geschenke von Staatsbesuchen und viele seiner ausländischen Orden und Ehrenzeichen. Ein Museum für einen Mann, an den sich immer weniger Menschen erinnern können. Allerdings hat Lübke heute einen gewissen Kultstatus wegen seiner ungelenken Reden. Für das berühmte »Meine Damen und Herren, liebe Neger« gibt es aber keine Belege. Von seinen vielen Staatsbesuchen kehrte Lübke immer gern in die Heimat zurück: »Nach meiner Asienreise hat mich die frische, raue Luft des Sauerlands umgeschmissen.«

Wilhelmine überlebte ihn um neun Jahre. Beide ruhen im Familiengrab direkt gegenüber dem Heinrich-Lübke-Haus.

Adresse Zum Pläsken 3, 59846 Sundern-Enkhausen | **ÖPNV** Arnsberg Bahnhof, Bus R22, Haltestelle Enkhausen | **Anfahrt** A 445/A 46, Ausfahrt Hüsten, dort die B 229 Richtung Herdringen/Sundern nehmen, Enkhausen liegt an der B 229 | **Öffnungszeiten** nach Voranmeldung beim Kulturamt der Stadt Sundern, Tel. 02933/81169, oder beim Ortsvorsteher Herrn Hafner, Tel. 02935/1545 | **Tipp** Eine andere in Enkhausen begrabene Persönlichkeit war Elisabeth Agnes Becker, genannt »Butterbettken«. Sie lebte von 1858 bis 1932 und war wandernde Händlerin, ähnlich wie das Kiepenlisettken (siehe Seite 170). Am Gutenbergplatz in Arnsberg und in Hellenfeld stehen Butterbettken-Denkmäler, und sie taucht als Krippenfigur der Sunderner Heimatkrippe in der Rochuskapelle auf.

103_ Das Meditationshaus Vimaladhatu

Rückzugsort im Zeichen des Buddha

Das Meditationshaus Vimaladhatu (Sanskrit, »Raum der Reinheit«) ist so abgelegen, dass kaum jemand zufällig darauf stößt. Das ist aber auch gewollt: Das frühere Naturfreundehaus wird nämlich für sogenannte Retreats genutzt – Aufenthalte, bei denen man allen Ablenkungen entsagt, meditiert, spazieren geht, ruhig wird und so zu sich selbst finden kann. Die waldreiche sauerländische Umgebung ist dafür wie geschaffen. Das bedeutet aber, dass dieser Ort nicht einfach so besucht und neugierig inspiziert werden kann, denn vielleicht reißt man dabei Menschen aus ihrer selbst gewählten Abgeschiedenheit.

Wer also dieses idyllisch gelegene Haus anschauen möchte, sollte sich anmelden – oder gleich einen der empfehlenswerten Meditationskurse oder Retreats buchen. Viele davon sind gut für Anfänger geeignet; Nichtbuddhisten sind willkommen. Bis zu 30 Teilnehmer kochen dann zusammen (natürlich vegetarisch), meditieren, schweigen und reden. Die Lehrenden kommen vom Buddhistischen Zentrum Essen, mit dem das Haus eng verbunden ist.

Der Stolz des Hauses ist seit Mai 2011 der eigene Stupa aus heimischem Anröchter Kalkstein, der in einem terrassierten Garten mit weitem Blick ins Land steht. Ein Stupa ist ein buddhistisches Denkmal, das reich an Symbolik ist und oft Reliquien eines großen Meisters enthält, hier Asche des Dhardo Rimpoche, dessen Botschaft »Bewahre den Dharma – Lebe in Eintracht – Strahle Liebe aus« auf dem 2,70 Meter hohen Monument zu lesen ist. Der Stupa wird traditionell im Uhrzeigersinn gehend umrundet, und es werden dort Opfergaben niedergelegt. Der Bau ist ein gutes Beispiel für buddhistische Eintracht: Der Steinmetz ist ein Ordensmitglied aus England, die vergoldete Bronzespitze kommt aus London, und bei der Gartengestaltung haben alle mitgemacht. Die Gemeinschaft finanziert sich ausschließlich aus Spenden, wie es die buddhistische Lehre vorsieht.

Adresse Naturfreundehaus 1, 59846 Sundern-Altenhellefeld | **ÖPNV** Neheim-Hüsten
Bahnhof, Bus R25 nach Sundern-Zentrum, Bus 334, Haltestelle Altenhellefeld | **Anfahrt**
A 445, Abfahrt Wennemen, Richtung Sundern, bei Hellefeld Richtung Altenhellefeld fahren, kurz hinterm Dorfende Richtung Grevenstein am Wanderparkplatz Sonnenstück in
den Wald einbiegen, den Schildern »Meditationshaus« folgen (den linken der Schotterwege
hoch) | **Öffnungszeiten** nur nach Absprache oder bei einem Kurs, Infos: www.meditations-
haus-sundern.de | **Tipp** Östlich von Altenhellefeld, Richtung Visbeck, liegt die Wachol-
derheide Hermscheid, ein Naturschutzgebiet, in dem Schafe grasen und das man prima
durchwandern kann, zum Beispiel auf dem Rundweg AH3, der auch am Wanderparkplatz
Sonnenstück vorbeiführt.

104— Die schiefe Kirchturmspitze

Schräges Wahrzeichen eines schmucken Dorfes

Stockum ist wunderhübsch und über 1.000 Jahre alt – nicht umsonst wurde es 2003 als schönstes Dorf Nordrhein-Westfalens ausgezeichnet. Malerisch liegt es da zwischen waldreichen Bergen. Doch irgendetwas stimmt nicht ganz im Dorfpanorama … es ist der Kirchturm, oder vielmehr die Kirchturmspitze. Die ist ganz eindeutig schief!

Der Turm ist der Westturm der Pfarrkirche St. Pankratius, die auf das 11. oder 12. Jahrhundert zurückgeht. Der wuchtige steinerne Turmsockel wirkt fast zu dominant für den restlichen Bau, eine dreischiffige Hallenkirche. Dieser Sockel ist, anders als zum Beispiel beim Schiefen Turm von Pisa, vollkommen gerade – nur die später aufgesetzte, spitze gotische Turmhaube weist schräg nach Westen, als mache sie Gymnastik. Von der Nordseite der Kirche aus ist die Neigung am deutlichsten zu sehen. Doch warum neigt sich die Spitze? Bei vergleichbaren schiefen Turmhauben in Deutschland werden Konstruktionsfehler oder Schäden im Gebälk als Erklärung herangezogen, die bewirkten, dass sich die Haube durch den Winddruck neigte. Hier aber wirkt es so, als sei die Haube absichtlich so schräg konstruiert worden. Was damit wiederum ausgedrückt werden sollte, ist unklar. Auf jeden Fall sieht es irgendwie rührend aus, und in Stockum macht dieser »Makel« auch keinem etwas aus. Vielmehr ist die schiefe Turmspitze heute in stilisierter Form im Logo des Dorfes und in dem des Pfarrbüros zu finden.

Das Innere der Kirche ist auch sehenswert: Unter anderem sind noch ein romanisches Kreuz, Ausmalungen aus der Zeit um 1200, ein romanischer Taufstein, eine merowingische Grabplatte und das Chorgestühl aus dem 15. Jahrhundert erhalten.

Rund um Stockum stehen auf den Bergen vier Kapellen; von der Kirche aus sieht man am besten die neobarocke Kapelle auf dem 380 Meter hohen Rehberg, zu der ein Kreuzweg führt.

Adresse Im Wienig 3, 59846 Sundern-Stockum | ÖPNV Arnsberg Bahnhof, Bus R21, Haltestelle Stockum/Esperantostraße | Anfahrt A 445/A 46, Abfahrt Hüsten, B 229 Richtung Herdringen/Sundern nehmen, in Sundern Richtung Stockum abbiegen | Tipp Im Kirchturm hängen neun Glocken mit weithin berühmtem Geläut. Eine davon ist die Esperantoglocke, gestiftet vom Stockumer Esperantoförderer Josef König (1887–1978), der auch weitere Spuren auf Esperanto hinterließ, Infos: www.esperantodorf-stockum.de.

105__ Die Jagdstube

»Früher hatten wir ein Jagdschloss …«

»… heute eine Jagdstube«, berichtet Günter Risse vom Sauerländischen Gebirgsverein (SGV) stolz, als er die Tür zum ehemaligen Hirschberger Rathaus aufschließt. Auch das gibt es seit der Eingemeindung nach Soest 1975 nicht mehr in Gänze, ebenso wenig die höfische Jagd zur Zeit des Barocks. Zuhauf gibt es dagegen Jagdtrophäen und Erinnerungen:

Hirschberg liegt im größten zusammenhängenden Waldgebiet Nordrhein-Westfalens. Der Kölner Kurfürst Max Heinrich ließ hier deshalb ein Jagdschloss errichten (1662–1668), auf dem nicht nur der Jagd gefrönt, sondern Politik und Diplomatie betrieben wurden. Damit war Ende des 18. Jahrhunderts Schluss; der Chronist Johann Friedrich Krünitz erklärt 1783, warum: »Jagdergetzungen der Könige und Fürsten kosten Geld, schaden vielen Unterthanen, und stiften dem ganzen Lande keinen Nutzen.« 1802 wurde das Schloss abgebrochen, 1826 das zugehörige Hirschberger Tor nach Arnsberg verkauft.

Trotzdem: Die »Unterthanen« ließen sich den Spaß an der Jagd nicht nehmen, und bis heute locken die Wälder mit reichem Wildbestand. Um der Jagd ein Denkmal zu setzen, richteten die Mitglieder des SGV 1981 im alten Rathaus ein Museum ein: die Jagdstube.

Rund um den langen Eichentisch sind die Wände mit heimischen Wildpräparaten und Jagdtrophäen bestückt: Beeindruckend der Keilerkopf, doch auch Rothirschgeweihe und über 70 Trophäen an der Bockwand lassen staunen, darunter ein Fremdling: ein »Hase mit Hörnern, der einzige seiner Art«, wie Herr Risse scherzt. Weniger zum Scherzen zumute mag es einst den Besitzern des eigentlich aus Ostafrika stammenden Sikahirsches gewesen sein, der aus seinem Gehege ausbüchste und dessen Nachkommen nun im Sauerland leben. Die Entwicklung eines Sikahirschgeweihs ist in der Stube dokumentiert, und andere heimische Tiere wie Eichhörnchen, Dachs und Waschbär, aber auch Vögel werden in ihrer natürlichen Umgebung gezeigt – eine passende Fototapete mit Waldmotiv macht's möglich.

Adresse Arnsberger Straße (gegenüber der Kirche), 59581 Warstein-Hirschberg | **ÖPNV** Bus R76, Haltestelle Hirschberg Post | **Anfahrt** A 46, Abfahrt Meschede, auf B 55 Richtung Warstein, links auf L 856, rechts auf Oeventroper Straße/L 735, links auf Kurfürstenstraße/K 71, rechts auf Arnsberger Straße, das ehemalige Rathaus steht links vor der Kirche | **Öffnungszeiten** Besichtigung nach Vereinbarung mit Günter Risse, Tel. 02902/3904 | **Tipp** Am Ende der Schloßstraße steht seit 2008 eine Nachbildung des Hirschberger Tors mit Szenen der Parforcejagd.

106__Der Bergsee
Winnetou-Kulisse im Sauerland

Er ist nicht groß und nicht tief (sieben bis neun Meter), aber dafür bietet der Bergsee, südlich von Siedlinghausen am 636 Meter hohen Berg Meisterstein gelegen, einen spektakulären Anblick. Die ebenmäßige Form des Sees, seine türkisgrüne Farbe und die Lage im engen Talkessel, zwischen steilsten Felswänden ohne eine Handbreit Platz am Ufer, lassen unwillkürlich an einen Drehort für Karl-May-Filme denken – ja, Felsen und See muten fast künstlich an.

Ein bisschen stimmt das auch, denn der See hat sich durch die Ansammlung von Regenwasser in einem ehemaligen Schieferbruch gebildet, ist also nicht ganz natürlichen Ursprungs. Am schönsten sieht er von oben aus. Während des Anstiegs hält er sich bis zuletzt verborgen.

Die Spannung steigt, während man sich zuletzt durch den Wald schlägt – bis man den See endlich, von einer gefährlichen Abbruchkante aus, tief unten liegen sieht. Der Stacheldraht, den man teilweise vorfindet, hat seine Berechtigung: Der ganze See gehört einer niederländischen Firma, die hier Kletter- und andere Outdoorkurse abhält. Das trägt natürlich zum Mysterium des schwer erreichbaren Sees bei: Das Seeufer ist nur durch einen rohen, 80 Meter langen Felstunnel zu erreichen, der aber verschlossen ist. Hinein kommt man als Kursteilnehmer, als Mitglied des Deutschen Alpenvereins oder einer Tauchergruppe.

Wer zu den Erlauchten gehört, findet am See ideale und ungestörte Tauch- und Kletterbedingungen vor: Die Taucher entdecken seltene Edelkrebse; den Kletterern stehen Routen verschiedener Schwierigkeitsgrade zur Auswahl, darunter ein Sporn und eine glatte Wand mit künstlichen Klettergriffen. Außerdem gibt es eine aufregende Seilbahn und eine sogenannte »Burma-Brücke« über dem Wasser – eine luftige Brücke aus drei Drahtseilen. Es macht Spaß, von oben zu beobachten, wie sich jemand vorsichtig über die wacklige Brücke tastet oder sich am Klettersteig versucht.

Adresse Burgstraße oder Schluchtweg, 59955 Winterberg-Silbach | **Anfahrt** von der Hoch-
sauerlandstraße/L 740 in Silbach auf Burgstraße oder Schluchtweg, unter der Eisenbahn
hindurch, der Straße nach rechts und oben folgen, bis es nicht mehr weitergeht, dann zu
Fuß auf Feldwegen weiter; an einer Abzweigung mit Bank links ab, ab hier gibt es handge-
malte Schilder zum Bergsee-Aussichtspunkt | **Öffnungszeiten** Infos zu Kursen und zum
Klettern: www.nijssen-spoorenberg.nl, www.dav-hochsauerland.de | **Tipp** In der Nähe von
Siedlinghausen liegt an einer Straßenkreuzung auf 709 Metern Höhe der Bildstock »Großes Bildchen« mit einem Wanderparkplatz. Von hier aus sind viele Wanderungen möglich,
zum Beispiel zur Quelle des Flusses Neger (siehe Seite 224), zu einem kuriosen Hundegrab
und auch zum Bergsee.

107___Die Düsenjäger

Ausrangierte Kampfflugzeuge mitten im Sauerland

Wer in den letzten Jahren durch Winterberg-Niedersfeld fuhr – zum Beispiel mit dem Fahrrad auf dem RuhrtalRadweg –, rieb sich verwundert die Augen: Auf dem Parkplatz neben der Kartbahn standen mehrere alte Kampfflugzeuge in der Landschaft. Mal eins, mal mehrere, das wechselte ab und zu. Ein skurriler Anblick mitten in den sauerländischen Bergen. Doch wie kamen die Flugzeuge überhaupt dorthin?

Des Rätsels simple Lösung: Der Besitzer der Kartbahn sammelt alte Flugzeuge. Tatsächlich werden immer mal wieder Flugzeuge ausgemustert oder aus einem Flugzeugmuseum hinausgeworfen, und da hat Karl-Heinz Schleimer eben zugeschlagen. Vor allem alte Jagdbomber sowjetischer Bauart sammelten sich auf dem Parkplatz, manche noch mit viel Innenausstattung, manche schon ziemlich ausgeweidet. Fliegen konnte keines mehr. Inzwischen wurden alle Flugzeuge in eine 3.500 Quadratmeter große Halle an der Kartbahn verfrachtet, denn dort soll 2012 ein Museum eröffnet werden, in dem es nicht nur Flugzeuge zu sehen geben wird, sondern auch alte Motorräder der Jahrgänge 1929 bis 1985 und Sportwagen der 1960er bis 1990er Jahre.

Unter den Flugzeugen sind eine MiG 15, eine MiG 21, eine MiG 23 sowie die Lockheed F 104, außerdem gibt es einen Mi-2-Hubschrauber. Auf dem Foto ist eine MiG 23 aus der polnischen Armee zu sehen. Zusammen mit dem Vorgänger MiG 21 ist sie das am häufigsten produzierte Kampfflugzeug der Welt. Die in den 1950er Jahren gebaute MiG 21 wurde in 50 Staaten exportiert; die 1969 konstruierte MiG 23, das erste seriengefertigte Flugzeug mit Schwenkflügeln, flog unter anderem im Vietnamkrieg und im indisch-pakistanischen Konflikt; in vielen Staaten ist sie noch heute im Dienst. Die F 104 »Starfighter« wurde ab 1956 gebaut, brach damals alle Höhen- und Geschwindigkeitsrekorde und stand bis 1991 auch in Diensten der deutschen Bundeswehr.

Adresse Am Eschenberg 2, 59955 Winterberg-Niedersfeld | **ÖPNV** Olsberg Bahnhof, Bus D30, Haltestelle Niedersfeld Steinkamp, circa 20 Minuten Fußweg | **Anfahrt** am Autobahnende A 46 in Bestwig weiter nach Olsberg, dort rechts auf B 480 nach Winterberg, am Ortsausgang Niedersfeld rechts | **Tipp** Die Kartbahn bietet eine 850 Meter lange Außen- und eine 300 Meter lange Innenbahn sowie weitere Belustigungen, Infos: www.kartbahn-winterberg.de.

108__Die Flussmündung

Ein Zusammentreffen zweier seltsam benannter
Gewässer

In der Nähe der Dorfkirche von Siedlinghausen, also mitten im Ort, kann man auf einer Brücke stehen und sich das Zusammenfließen zweier kleiner, munterer Flüsse anschauen: Die Namenlose fließt hier von Südosten heran und mündet in die Neger.

Die Namenlose heißt wohl eigentlich »Lamelofe«, was wiederum »lehmführender Bach« bedeutet. Sie entspringt auf der Winterberger Hochfläche, einem breiten, 600 bis 700 Meter hohen Bergrücken im Rothaargebirge nördlich der Kernstadt Winterberg. Außer der Namenlosen entspringt hier auch die Ruhr, und im Süden der Hochfläche liegen die Quellen mehrerer Flüsse, die in die Eder münden.

Die Namenlose ist nur 8,4 Kilometer lang; sie fließt durch das nach ihr benannte Tal, ein Naturschutzgebiet mit einzigartigen Feuchtwiesen, seltenen Pflanzen- und Vogelarten und ursprünglich gebliebenen Landschaften. Nachdem sie ein wenig neben der Landstraße L 740 entlanggeflossen ist und den Ort Silbach durchquert hat, mündet sie schließlich in Siedlinghausen in die Neger.

Die Neger ist 17,7 Kilometer lang und mündet ihrerseits bei Olsberg-Steinhelle in die Ruhr. Über den Ursprung des Namens gibt es verschiedene Meinungen; er könnte zum Beispiel aus dem Plattdeutschen kommen und »Niederung« bedeuten oder wegen ihrer Quelle in einem schwarzen Schieferberg etwas mit »negro«, »schwarz«, zu tun haben. Ein Schaukasten an der Kirche in Wulmeringhausen behauptet, »Neger« käme aus dem Keltischen und heiße »der Reißende, schnell Fließende«. Es gab auch eine Ortschaft gleichen Namens, die aber schon 1550 verlassen wurde. Da die Neger beim Zusammentreffen mit der Ruhr einige Kilometer länger ist als diese und auch mehr Wasser führt, müsste man eigentlich sagen, dass die Ruhr in die Neger mündet und nicht umgekehrt – wodurch das Ruhrgebiet allerdings heute »Negergebiet« oder »Negerpott« hieße …

Adresse Brücke in der Nähe der Kirche mitten in 59955 Winterberg-Siedlinghausen, direkt an der L 740 | **ÖPNV** Siedlinghausen ist aus dem Ruhrgebiet oder aus Winterberg direkt mit dem Regionalexpress erreichbar | **Anfahrt** A 4, Abfahrt Olpe, B 54 bis Krombach, B 517 bis Altenhundem, B 236 über Schmallenberg bis Winterberg, dort im 2. Kreisverkehr (in der Mitte steht eine Skischanze) die 3. Ausfahrt auf die L 740 Richtung Silbach nehmen, die an der Namenlosen entlang bis zum Ziel führt | **Tipp** Das Namenlose-Tal, das untergegangene Dorf Neger, Silbach und die umliegenden Berge können auf verschiedenen Wegen erwandert werden, zum Beispiel der Winterberger Hochtour (WHT), den Wegen Sh3, Sh4 oder dem Weg X27, bei dem man optional auch am Bergsee (siehe Seite 220) vorbeikommt, Infos: www.bergwanderpark.de.

109__Möppis Skihütte

Im Winter ein Hotspot, im Sommer ein Geheimtipp

Bei Möppi treffen sich alle: Im Sommer die Wanderer, die Biker auf Tour, die Feiertags-Ausflügler und die Mountainbiker; im Winter die Skifahrer, die Durchgefrorenen und die Feierwütigen. Die rustikale, aber große Skihütte (auch »Skihütte Poppenberg« genannt) liegt direkt dort, wo vor allem im Winter richtig was los ist: In unmittelbarer Nähe starten zwei Sessellifte und ein Schlepplift, die zum Skiliftkarussell Winterberg gehören (welches insgesamt 22 Lifte umfasst).

Einige der Skipisten operieren bei Flutlicht; Langlaufloipen führen am Haus vorbei; es gibt einen Skiverleih; ein Rodelhang und das Kinderland sind nicht weit. Am nahen Herrloh liegt die große St.-Georg-Sprungschanze zusammen mit ihren vier Nebenschanzen, an denen ganzjährig trainiert werden kann.

Hungrige Wintersportler fühlen sich bei Möppi sofort willkommen: Von der Außenfassade grüßen schwungvoll gemalte Skifahrer; innen sitzt man am gemütlichen Kamin zwischen Ski-Devotionalien und trinkt Almdudler oder Hochprozentiges. Zu essen gibt es Deftiges in Selbstbedienung, von Bratkartoffeln über Spaghetti bolognese bis zum »Poppenberger Krüstchen«. Natürlich gibt es auch hier – wie überall in Winterberg – die beliebten Après-Ski-Partys.

Aber auch im Sommer gibt es rund um die Hütte genug zu erleben: Abgesehen vom Wandern und vom Kuchenessen auf der Sonnenterrasse bei schöner Wald-Aussicht finden Grillfeste und Sommer-Hunderennen statt, es gibt Mountainbikes auszuleihen, und das Möppi-Team lässt sich ständig neue Sportarten einfallen, die dort betrieben werden können, darunter das Mountainboarden, eine Mischung aus Snow- und Skateboardfahren. Im Mountainboardpark kann man sich mit dem Schlepplift hochziehen lassen und dann abfahren oder diverse Tricks ausprobieren. Beim Hillracing rast man hingegen auf einem schlittenähnlichen Gefährt mit vier Rädern den Hügel runter.

...bei Möppi

Adresse In der Büre 32, 59955 Winterberg | **Anfahrt** zum Beispiel A 4, Abfahrt Olpe, B 54 bis Krombach, B 517 bis Altenhundem, B 236 über Schmallenberg bis Winterberg, dort im 2. Kreisverkehr (in der Mitte steht eine Skischanze) die 3. Ausfahrt auf die L 740 Richtung Silbach nehmen; nach circa 1,4 Kilometern links in Richtung Poppenberg abbiegen | **Öffnungs-zeiten** im Winter bei Skibetrieb ganztägig; Mai–Okt. Fr–So 10–18 Uhr; Aug. geschlossen, Infos: www.bei-moeppi.de; Infos Mountainboardpark: www.mountainboarding-winterberg.info | **Tipp** Direkt auf dem Hügel nebenan liegt ein Ferienpark der Kette Landal Green Parks mit 200 Ferienhäuschen, Schwimmbad, Wellnessbereich und 9-Loch-Golfplatz, Infos: www.landal.de/de-de/ferienparks/deutschland/sauerland/winterberg.

110 Die Panorama-Erlebnisbrücke

Normale Brücken waren gestern

In unserer heutigen Erlebniskultur reicht es uns oft nicht mehr, wie vor 100 Jahren einfach auf einen Berg zu steigen und die Aussicht zu genießen. Für das moderne Bedürfnis, die Natur künstlich zum »Event« zu machen, wurde die Panorama-Erlebnisbrücke in Winterberg geschaffen – ja, wurde der gesamte 776 Meter hohe Berg Kappe zum »Erlebnisberg« umfunktioniert.

Man mag dieses touristische Verbauen eines Berges übertrieben finden, aber es funktioniert: Neben all den anderen Attraktionen am Berg (Skihänge, Bobstrecke, Restaurant, Sommerrodelbahn, Bikepark, Kletterwald) übt besonders die Erlebnisbrücke eine unwiderstehliche Anziehungskraft aus. Das liegt zum einen an ihrer luftigen Bauweise über Berghang und Fichtenwipfeln, die den Besuchern das Gefühl gibt, über dem sauerländischen Panorama zu fliegen. Der Blick schweift weit bis zur großen Sprungschanze, und unten durch schweben die Menschen im Sessellift. Die Stützen der Brücke sind 20 Meter hoch und sehr schlank, sodass es sich anfühlt, als ginge man über eine ganz leichte Himmelsbrücke. Zum anderen sind auf den 435 Metern Länge fünf Spielereien für die ganz Mutigen und Schwindelfreien untergebracht – von einer schwankenden Tellerbrücke über dem Abgrund, natürlich mit Sicherung, bis zum Netztunnel, den man durchkriechen muss. Das Ganze schließt (optional) mit einer ziemlich steilen, 40 Meter langen Röhrenrutsche ab. Wer mag, kann danach den angeschlossenen Naturerlebnispfad abgehen.

Interessanterweise war die Kappe bereits vor 100 Jahren ein Erlebnisberg: 1910/11 baute man hier die erste Bobbahn. Insofern wurde diese Entwicklung einfach konsequent fortgeführt. Und die Gefühle auf der Brücke (und sei es bloß der Adrenalinrausch) sind auf jeden Fall stärker als bei einem einfachen Bergaufstieg …

Adresse Kappe 2c/An der Bobbahn, 59955 Winterberg | **ÖPNV** Lennestadt-Altenhun-
dem Bahnhof, Bus SB 9 nach Schmallenberg/Habbel, dann Bus S40 nach Winterberg,
Haltestelle Bobbahn; im Winter gibt es vom Parkplatz aus einen Ski-Shuttlebus | **Anfahrt**
A 4, Abfahrt Krombach; A 46 bis zum Ende, dort auf B 7; der Beschilderung nach Winterberg folgen, der Erlebnisberg Kappe ist dort ausgeschildert; am Fuß des Bergs gibt es
einen Großraumparkplatz | **Öffnungszeiten** Winter: 10 Uhr bis Anbruch der Dunkelheit;
Sommer: 9.30–19 Uhr, je nach Witterung, Infos: www.panorama-bruecke.de | **Tipp** Im
Winter kann man an der Kappe Ski fahren und den Bobfahrern zusehen. Im Sommer gibt
es Mo, Mi und Sa Führungen über die Bobbahn, außerdem lohnt (unter anderem) die
700 Meter lange Sommerrodelbahn, Infos für beides: www.erlebnisbergkappe.de.

111 __ Das Westdeutsche Wintersport Museum

Auf Brettern, die vielen die Welt bedeuten

1889 war ein schicksalhaftes Jahr rund um den Kahlen Asten. In diesem Jahr nämlich kam Oberförster Hagemann auf die verrückte Idee, sich als erster Winterberger die Ski anzuschnallen – wohlgemerkt damals noch Holzski mit Riemenbindung. Damit löste er eine Lawine der Begeisterung unter den Einheimischen aus, der sich 1906 mit dem Anschluss Winterbergs an das Eisenbahnnetz zahlreiche Touristen anschlossen. Und noch heute kommen die Touristen in die »Wintersport-Arena Sauerland« mit ihren über 100 Liften, 500 Pistenkilometern und modernen Beschneiungsanlagen.

Diese Entwicklung illustriert das 1998 eröffnete Westdeutsche Wintersport Museum, das keinesfalls nur eine Schlechtwetterlösung ist. Auf 250 Quadratmetern sind die Exponate auf liebevolle Weise zu einem wahrhaften Gesamtkunstwerk arrangiert, das man erst einmal auf sich wirken lassen sollte. Die Ausstellung ist untergliedert in die Themen: Entwicklung des Skilaufs samt Vorläufer, Anfänge der Skiherstellung und des Wintersports sowie dessen Ausbreitung, Skiausrüstungen im Wandel der Zeit (jüngere Modelle des ausgehenden 20. Jahrhunderts sorgen oft für heitere Erinnerungen), die Geschichte des Westdeutschen Skiverbands und schließlich auch andere Wintersportarten wie Eislauf sowie Schlitten- und Bobsport. Dazu gibt es zahlreiche Wechselausstellungen.

Während der heutige Besucher sich über seine handlichen Carvingski freut, hatten Urgroßvater und Urgroßmutter mit überlangen Holzungetümen zu kämpfen. Wie sich das anfühlt, kann man alle zwei Jahre auf der Postwiese testen. Denn dann findet das Nostalgie-Skirennen statt, bei dem auch die altertümliche Skikleidung nicht im Museum verstaubt. Die Damen tragen wallende Röcke und Schnürschuhe, die Männer weite Hosen und Lederstiefel, und inzwischen ist das Rennen bis in die Niederlande bekannt.

Adresse im Schultenhof, Neuastenberger Straße 17, 59955 Winterberg-Neuastenberg |
ÖPNV Bus 451, Haltestelle Neuastenberg, Kirche | **Anfahrt** A 46, Abfahrt Bestwig,
B 7 circa 7 Kilometer folgen, rechts auf Hauptstraße/L 743 bis zur Ruhrstraße, rechts auf
Markt/B 480, der B 480 circa 25 Kilometer folgen bis Winterberg-Neuastenberg, links auf
Neuastenberger Straße/L 894 | **Öffnungszeiten** Di–Fr 15–22 Uhr, Sa, So 11-22 Uhr,
Mi 15 Uhr: Holzlöffelschnitzen, Infos: Tel. 02981/920229 (Café), 02981/2636 (Museum),
www.skimuseum-winterberg.de | **Tipp** Nach dem Museumsbesuch im oberen Stock können
Sie die Abfahrt ins Erdgeschoss wagen und per Einkehrschwung ins Museums-Café rasen.

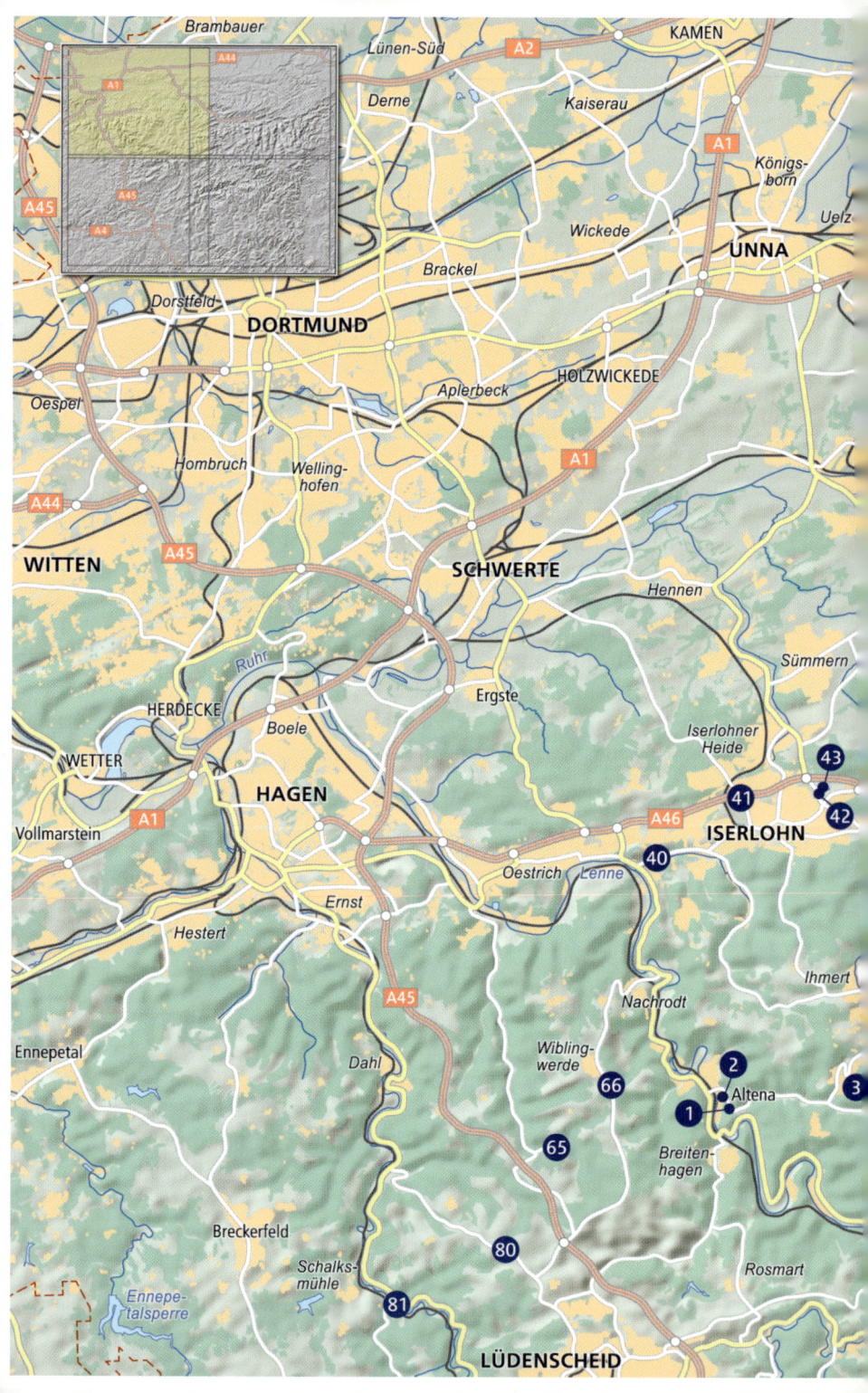

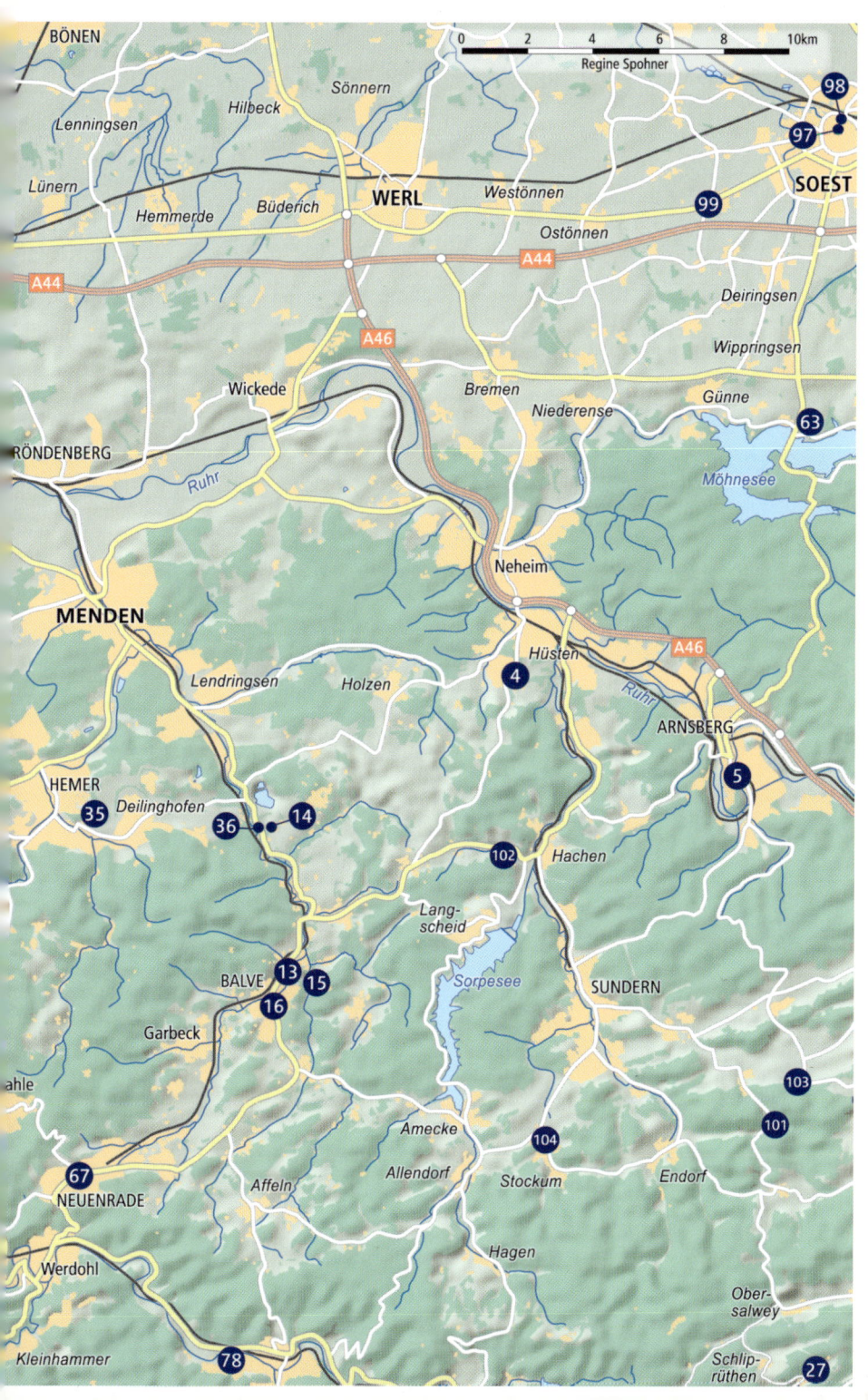

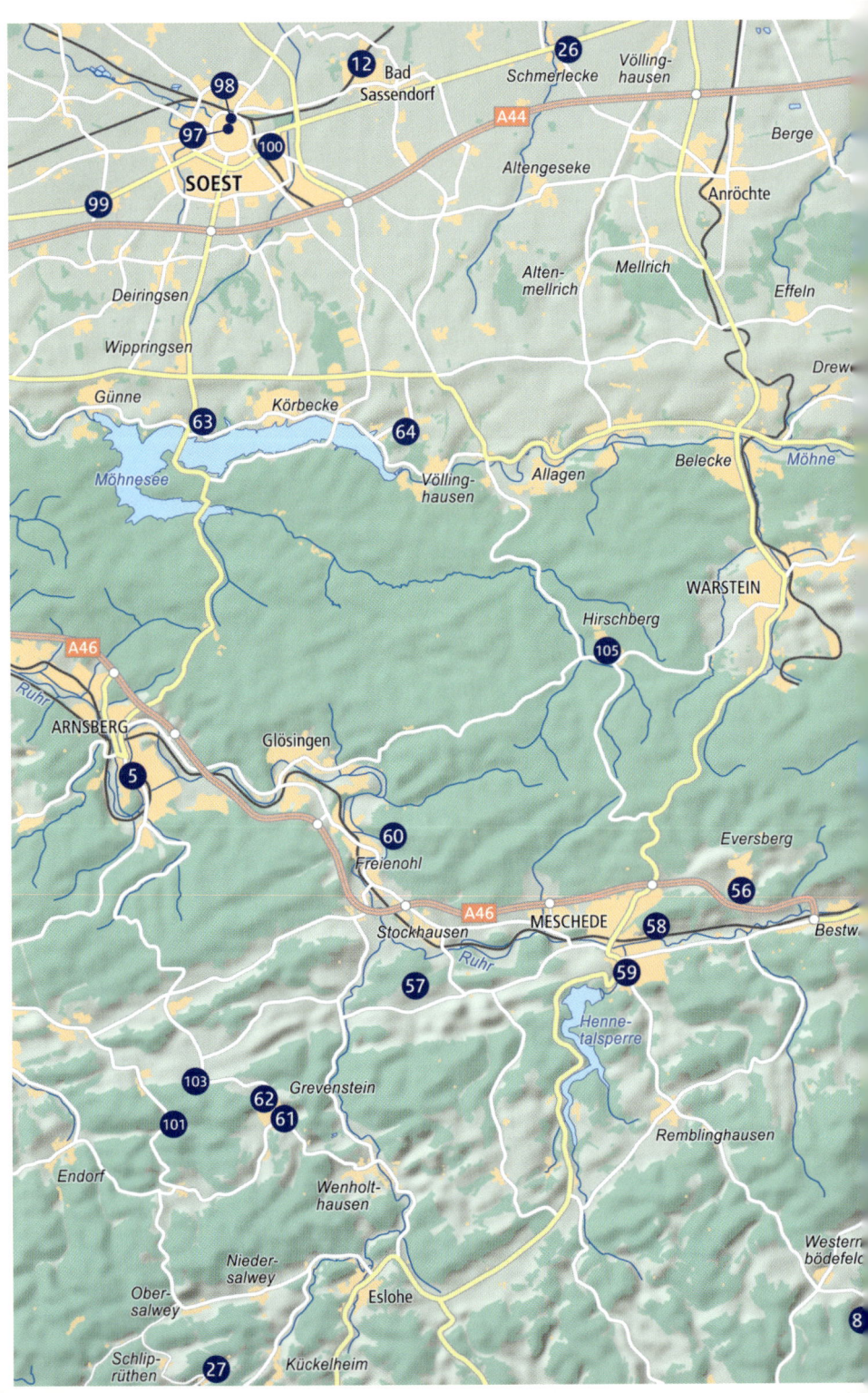

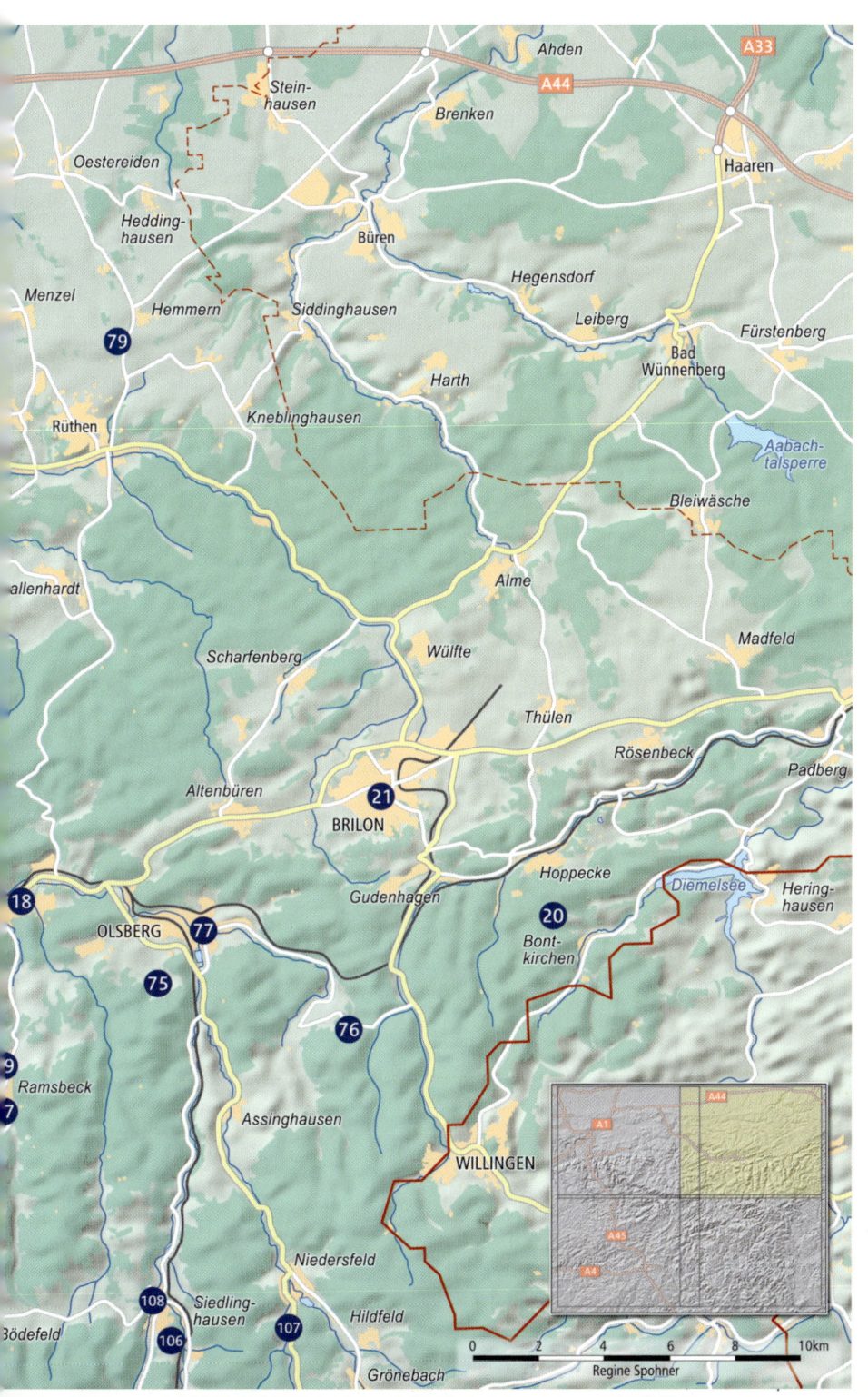

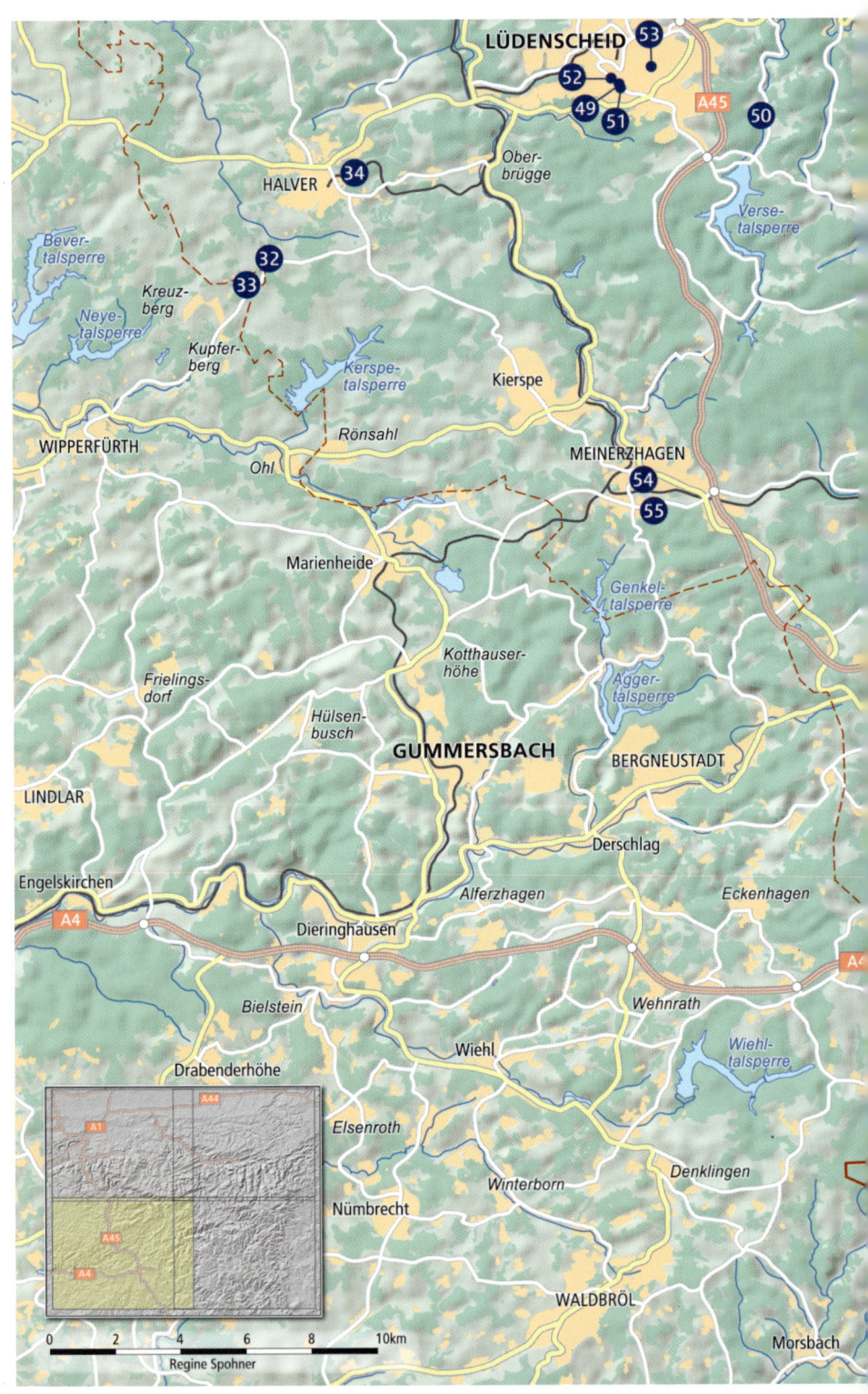

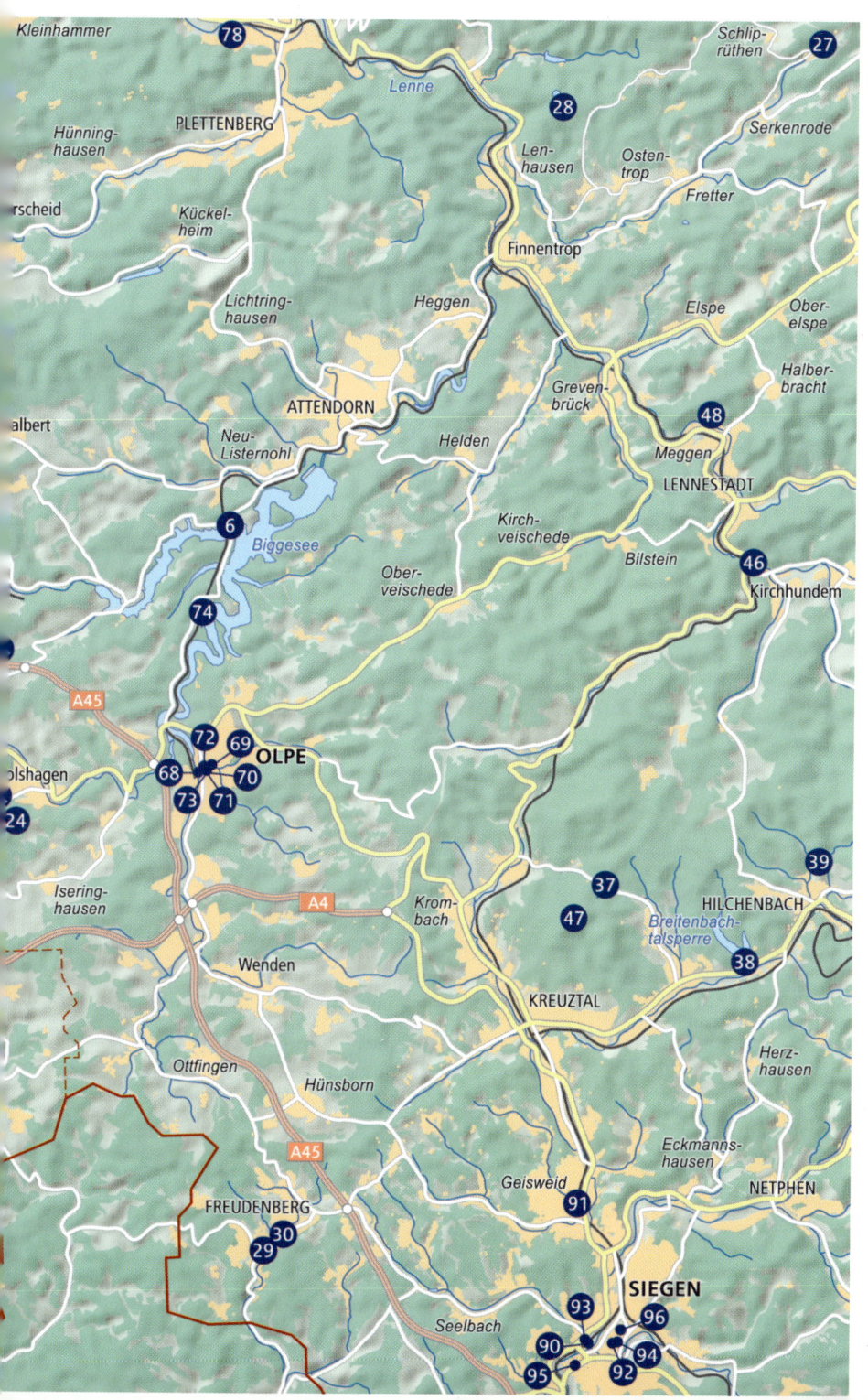

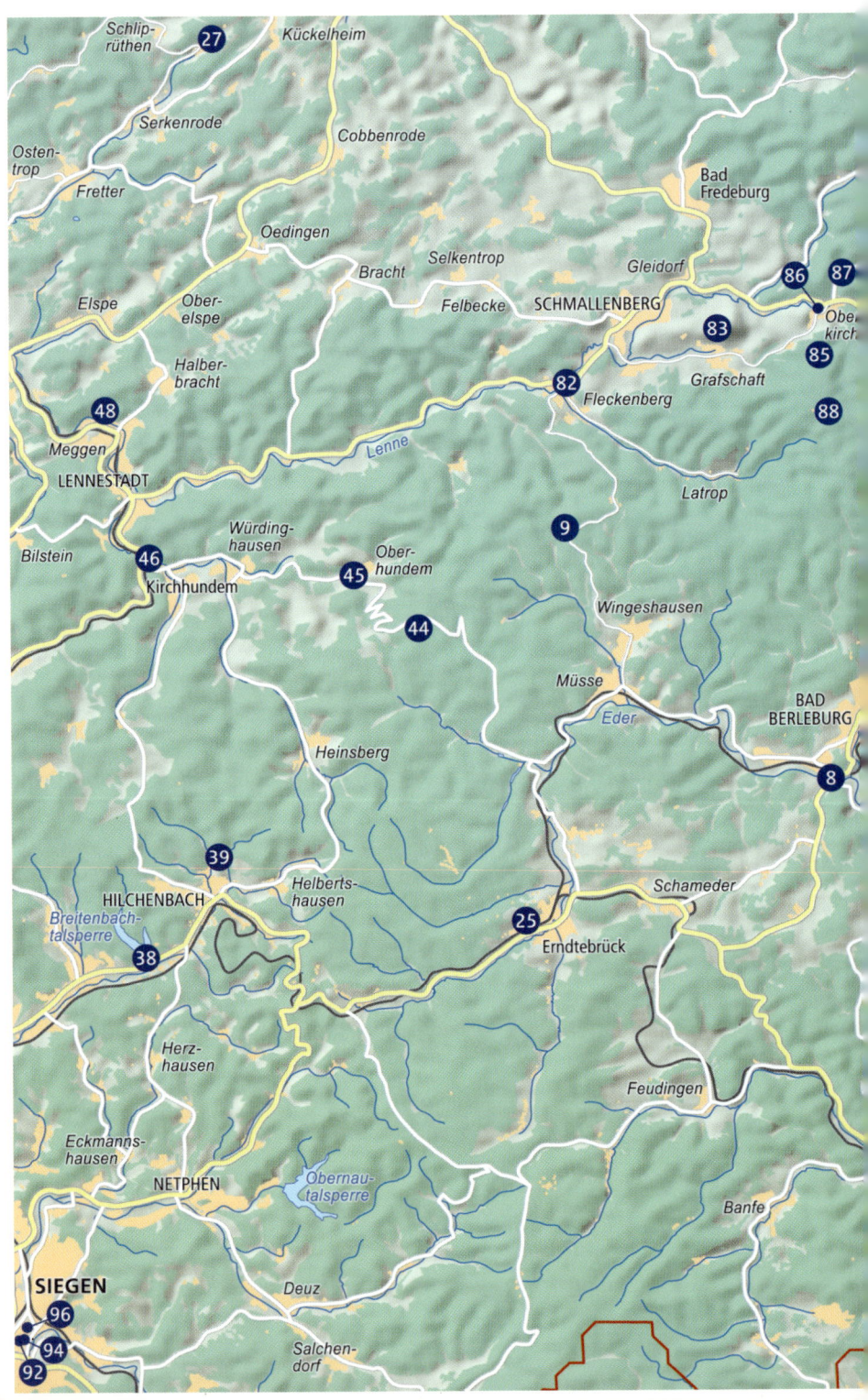

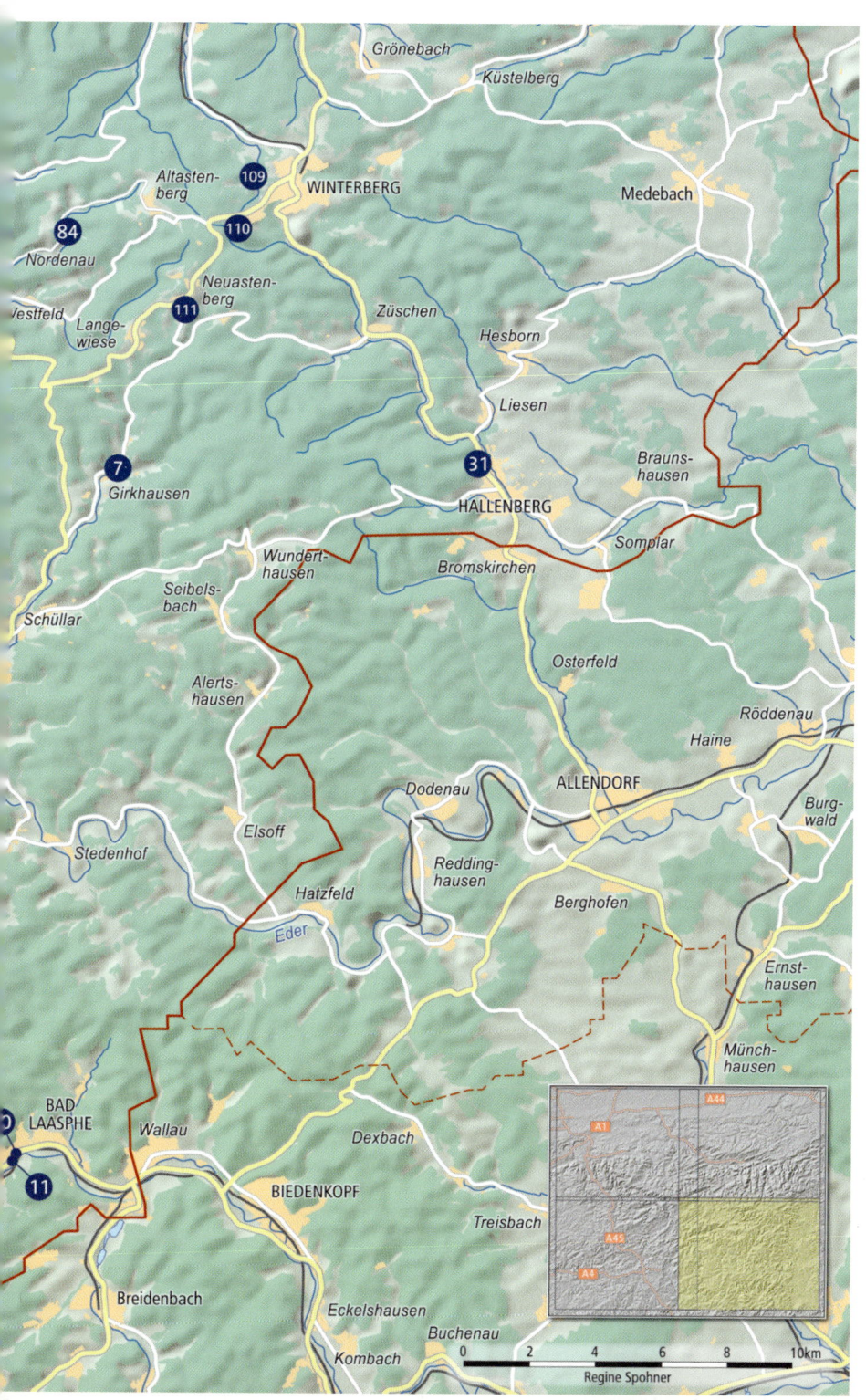

Die Autorinnen

Christina Kuhn, Jahrgang 1978, studierte Geschichte, Theater-, Film- und Fernsehwissenschaft und Germanistik in Köln und Berlin und arbeitete anschließend in einem Verlag. Seit 2004 ist sie als freie Lektorin und Autorin für Verlage und Agenturen tätig. Von Köln aus macht sie sich häufig auf zu neuen Orten. Im Emons Verlag erschien von ihr »Wissen Sie Köln? Der Allgemeinbildungstest für Kölner«.

Katrin Höller, Jahrgang 1974, ist echte Südwestfälin – obwohl sie in Wipperfürth im Rheinland geboren wurde (aber nur weil dort das nächste Krankenhaus war) und seit 17 Jahren in Köln lebt. Sie studierte Anglistik, Kunstgeschichte, Politik und Skandinavistik, arbeitete in verschiedenen Verlagen und ist heute freie Autorin, Übersetzerin und Lektorin.

Der Fotograf

Jörg Küster, geboren 1972 in Bergisch Gladbach, arbeitet unter anderem als freier Kameramann in den Bereichen Fernseh- und Imagefilm sowie als Presse- und Reisefotograf. Er ist festes Mitglied in einem Theaterensemble und lebt im Bergischen Land.

Dank
Wir danken Beate Küster, Peter Höller und Matthias Toplak für Inspiration und Ideen.